日経文庫
NIKKEI BUNKO

部下をもつ人のための
人事・労務の法律〈第6版〉

安西 愈

日本経済新聞出版社

まえがき

部下をもつ人は、企業の経営権とともに、労務管理権限も分担して行使する立場にあります。それゆえ労働組合法上は企業の利益代表者となり、使用者としての責任を負っています。また、これらの人は、企業の経営組織上の地位として主任、係長、課長、部長、工場長、支店長といった職に任命されて部下を指揮監督して業務を遂行しており、そのための職務上の権限と義務を有し、対外的・対内的な企業活動に従事しています。

部下をもつこのような立場にある人が、意外に自己の法律上の地位や有する権限、負っている義務等について知らないことが多く、そのためにトラブルが生ずることもよくあります。毎日、部下を直接的に指揮監督している一方で、日常の労務管理も委ねられているわけですから、部下管理に必要な法律上の知識がなければ、違法な命令をしたり、企業秩序に違反する行為を放置したり、人間関係を含む職場環境の悪化に対し適切な対応ができなかったりして、職場の内外で重大な問題を発生させるおそれがあります。

　そこで、部下をもつ人のために必要な法律上の知識のうち、基本的な事項をまとめたものが本書です。会社と社員の基本的な法律関係から説き起こし、職制としての地位と権限および各種の職場管理上の法的な事項について、積極的な言動の面と消極的な配慮の面に分けて解説しました。本書が、部下をもつ人の適切かつ的確な職場管理と業務運営に役立つことができれば幸いです。


　なお、本書は一九九六年に初版が刊行されましたが、その後九九年の労働基準法、男女雇用機会均等法などの改正を踏まえて内容を大幅に改訂しました。さらにその後、二〇〇三年以降の労働基準法、労働者派遣法、労働安全衛生法の改正などをフォローし、会社法、個人情報保護法等も含め、二〇〇八年三月一日から施行された労働契約法を踏まえ内容を見直してきました。その後第5版として、二〇一〇年四月一日施行の改正労働基準法、同年六月三〇日施行の改正育児・介護休業法を加えました。

　また、第5版からは、タイトルを『管理職のための人事・労務の法律』から『部下をもつ人のための人事・労務の法律』に改めました。従来型の管理職でなくても「チームリーダー」などの形で部下をもち、人事・労務管理をする必要がある人が増えているためです。

今回の第6版では、セクシュアルハラスメントやパワーハラスメント、マタニティハラスメント、部下の健康配慮といった点について、最近の判例や行政解釈を加え、部下をもつ人に知っておいていただきたいアップ・ツー・デートなものとしました。また、増刷にあたり若干の法改正を加えました。

刊行にあたり、日本経済新聞出版社の平井修一氏のお手をわずらわしたことにつき、お礼を申し上げる次第です。

二〇一八年四月

安西　愈

目次

COFFEE BREAK

用語解説

本書中の法令、通達の略例一覧

労基法＝労働基準法
労組法＝労働組合法
労調法＝労働関係調整法
労契法＝労働契約法
安衛法＝労働安全衛生法
均等法＝雇用の分野における男女の均等な機会及び待遇の確保等に関する法律
パート労働法＝短時間労働者の雇用管理の改善等に関する法律
育介法＝育児休業、介護休業等育児又は家族介護を行う労働者の福祉に関する法律
発労＝旧労働省労政局関係の労働事務次官通達の記号
発基＝厚生労働省労働基準局関係の労働事務次官通達の記号
基発＝厚生労働省労働基準局長通達の記号
基収＝厚生労働省労働基準局長の疑義回答の通達の記号
基監発＝厚生労働省労働基準局監督課長通達の記号
労収＝旧労働省労政局長の疑義回答の通達の記号
女(婦)収＝旧労働省婦人少年局(前女性局)長の疑義回答の通達の記号
雇児発＝厚生労働省雇用均等・児童家庭局長通達の記号

第1章　会社と社員との関係

●部下をもつ人がまず最初に知らなければならないのは、会社に入社して社員となったことの法的意味です。
●会社と雇用契約を結んで社員になるというのは、企業組織に組み入れられ、従業員の地位を得て、社内的・社外的に各種の権利と義務を負う立場になるということです。
●会社は法人であり組織的な活動をしますから、組織と職務権限が取締役会や代表取締役の決定により定められ、社員はその地位に応じてこれを分担し、その分担に従い会社の立場で対外的・対内的活動をします。

1　会社に入社するとは

会社において部下をもつということは、どんな法的な立場に立つことでしょうか。それを知るためには、まず労働者が会社に入社するということはどんなことを意味するのかを知らなければなりません。

ある人が、ある会社に応募して、選考の上、社員として採用されて入社したとします。これを法的にいうならば、会社と労働契約を締結し、その労働契約に基づき労働力を会社に提供し、その対価として賃金の支払いを受けるという法律関係に入ったことを意味します。

このような法律関係の発生する基本的な地位を従業員といい、採用されたということは、○○会社の従業員としての地位を取得したことを意味します。そこで、もし会社から解雇された場合に、その不当性を争い従業員としての地位をもっていることを裁判所に訴え、迅速かつ暫定的に仮の地位を求めることを地位保全の仮処分と呼ぶのも、このことを表しています。

そこで、会社に入社したということは、○○会社の従業員としての地位を得たということですから、会社と従業員との間には、いろいろな法律関係が発生します。

まず、社員が労働力を提供するということは、ただ会社に出社すればいいということではなく、命ぜられた仕事がきちんとできる状態で出社しなければならないということです。さらに、仕事をするにあたっても定められた方法を守り、他の社員と協力して行わなければなりません。また、企業外においても、雇用されている会社の社員として会社の名誉、信用、社会的評価を落とす行為をしてはならないという義務を負います。

さらに、自分の仕事を誠実に果たすとともに自己の職業能力の開発向上に努め、昇給や昇格等に応じて会社に期待される能力の向上に努力することも必要です。

このように、会社に入社したということは、その会社の従業員の地位を取得し、いろいろな法律関係が発生することになることを、まず基本的な関係として知っておく必要があります。

2　会社の部・課等に配属されるとは

部下をもつということは、会社の定めた組織に従って一定の地位と権限を会社から与えられ、部下を指揮監督する地位に立つということです。一方、部下にとっては、そのような会社の組織上の一員として、部・課・係といった一定の組織の中に配属されることを意味します。典型的な形では、新しく雇用された従業員は、新入社員教育の期間が終わると、通常は○○会社○○部○○課に配属され、○○係の仕事の担当を受けもつということになります。

会社では通常、業務遂行上の組織とその組織の行う業務の範囲や職務上の分担というものがあらかじめ定められています。配属された組織体で会社の内・外に表示されている「○○会社○○部○○課○○係」という表示は、その会社の組織と、その社員の担当する業務を意味します。そこで、その担当している業務については、会社の定めるところに従って所定の職務上の権限と義務を負っているという、法的地位を表示していることになっています。

たとえば、会社法一五条では、物品販売店舗の使用人について「物品の販売等（販売、賃貸その他これらに類する行為をいう。以下この条において同じ）を目的とする店舗の使用人は、その店舗に在る物品の販売等をする権限を有するものとみなす。ただし、相手方が悪意であったときは、この限りでない」と定め、善意（それを知らない）の相手方には対抗できないとしていますが、これはまさに右のような法的地位の一つの表れであるといえます。

このため、第三者たる顧客等に対しては、その取引行為等を担当した社員に、たとえ内部的には必要な権限を与えていなかったとしても、会社がそこに配置し、その職務を担当させているときは、その者の行為については、会社は雇用主ないし使用者として、また利益の帰属者あるいは名義使用許諾者として責任をもたなければならないのです。

したがって、会社の職務上の担当者として、一人の社員が何千万円、何億円の取引をしたとしても、それは会社という法人を代理し、その構成員として会社の行為を行ったもので、その法律効果のすべてが会社に帰属するという法的な関係に立つのです。それが利益を生む場合も不利益を発生させる場合も同じで、ある都市銀行のニューヨーク支店の一行員が米国債等の売買行為によって一一〇〇億円もの損失を発生させた事件は有名です。

このような会社の組織体としての行動の法律的な意味を、部下をもつ者が知っていないと適切な部下の管理・指導等にあたることができません。

３　身分証明書、社章、名刺等の法的意味

会社に入社して、従業員としての地位を得るということは、対内的・対外的に従業員としての地位に伴う権利を取得し、義務を負う関係に入ったことを意味します。入社した会社における従業員としての地位を外部に向かって証明するものが会社の発行する身分証明書です。また、いちいち第三者に身分証明書を提示して、その証明を行う手数を省くために、社章を貸与し

（社章は退職のときに返還すべきものであって、〝もらった〟ものではなく〝借りている〟ものです）、その地位を明らかにし、社章をつけている者は社員と推定できるようにしている（取引先等第三者に身分を明らかにするほか、出退社時の構内管理や秘密管理上の便宜等）のです。

したがって、身分証明書や入退室用のＩＣカード、社章などを友人に貸与したり、不正に使用することは、その目的に反することになりますから、自己または他人の利益のためにそのような行為をすることは会社に対する背信行為となり、その責任を問われることになります。

また、名刺は従業員としての地位とともに一定の担当部署、地位、職務等を第三者に提示することにより表示することを目的として作成するものです。したがって、名刺を本人である旨を告げて提示し交換することは、特に反対の意思表示のない限り、社員としての地位で会社の担当職務を行うこと、それが会社のために行為するものである（一般には会社業務の担当者としての行為であり、会社の業務の代理権を有するか、履行補助者としての地位にある）ことを、いちいち説明しなくても相手方に表示することになるのです。逆にいえば、社員本人に会社の承認にかかる名刺の表示等を使用させることは、その名刺の表示および行使に基づく社員の職務上の行為については、原則として会社が責任を負わなければならないことになるのです。

そこで、仕事上の名刺は社員が勝手に作るのではなく、その内容を上司に提示して、「このような名刺でよいか」と確認し、その承諾を得ておくべきものなのです。

このことは、たとえば会社法一四条で「事業に関するある種類又は特定の事項の委任を受けた使用人は、当該事項に関する一切の裁判外の行為をする権限を有する」と定められています。仮に、このような商業使用人としての権限を与えていなかったとしても、同条二項で「前項に規定する使用人の代理権に加えた制限は、善意の第三者に対抗することができない」としてこのような権限の表示を過失なくして信じた善意の第三者には、その会社の内部的な権限の制限をもって対抗できないものとしていることでも分かるでしょう。

用　語　解　説

会社の使用人

会社法では，会社の事業に雇用され指揮監督に服しながら対外的に会社の営業上の業務を補助する者を会社の使用人といっています。その代理権の違いから次の３種に分けています。

①支配人――会社の事業に関し，最も広く会社に代わって裁判上，裁判外の包括的な代理権を有する者

②受任使用人――一般の用語でいえば部長・課長・係長といった，事業に関するある種類または特定事項に関し包括的な委任を受け裁判外行為の代理権を有する者

③店員――物品の販売等を目的とする店舗の使用人で，その店に並んでいる物品の販売代理権を有する者

これらの者の代理権に会社が内部的な制限を加えても，それを知らない第三者には対抗できません。

4　会社の組織と職務分担規程

会社とは営利を目的とする社団法人です。社団とは人の集まりのことで、財産を主体とする財団とは異なり、人が構成員となっており、株式会社では株主がこれに該当します。

わが国では、多くの会社が株式会社なので、団体構成員の意思決定機関は株主総会です。株主総会は株主が集まり、どのようにして会社を運営していくかを決定するものですから、法律上は最高の意思決定機関となっています。

このように会社は法人（法人とは団体であるが、「法律」によって、個人とは別個の「人格」と「権利能力」を所有していることを認められているものをいいます）として、人格の主体と認められていますが、個人と違い手も足も口ももってはいません。法人自体が行動することはできませんから、法人の行為といっても、自然人たる個人（代表者）が、法人の代わりにすべての実行行為を行わなければならないのです。

そこで、株式会社では、会社の意思の執行機関として取締役が株主総会で選任され、「取締役は、定款に定めがある場合を除き、株式会社の業務を執行する」（会社法三四八条）のです。

取締役会設置会社では、取締役会が「会社の業務の執行を決定」し、これにあたる（同三六二条）こととされています。

会社の業務の執行とは、日常行われる会社の業務の運営の一切であり、「会社の経営」にあたるということです。取締役会では「代表取締役」を選定しなければなりません（同三六二条三項）。代表取締役は、会社を代表して一切の行為にあたり、しかも会社が代表権限の範囲に制限を加えても、善意の第三者には対抗できない（同三四九条四項、五項）とされています。そこで、代表取締役は取締役会の決議を実行するほか、会社業務の日常から生じる一切の事項（裁判上・裁判外）について決定し、執行する権限をもっています。

しかしながら、会社の組織が大きくなると、代

COFFEE BREAK

規定と規程

わが国は法治国家ですからたくさんの法律や規則等が作られていますが，その作り方や用語には一定のきまりがなければ混乱します。その基準となっているのが内閣法制局の発行している法制執務提要で，衆参両議院や総務省も同じようなルールをもっています。

たとえば規定と規程の使いわけにもルールがあり，規定は個々の条文を指す場合に用いられ，規程は一定の目的のために定められた一連の条項の総体の定めとして用いられます。前者は「××の規定によれば」といった場合に用います。民間の社内の規則については，このルールが混同されていることが多いようです。

表取締役が一切の決定をするといっても事実上不可能となるし、取締役会でいちいち合議していては迅速な運営ができず、時間と手間がかかるばかりです。そのため代表取締役のもっている日常業務の執行権限を他の取締役に委ねて代行させ、大企業の場合には各種の業務部門別に専門の担当取締役（業務執行取締役という）を置くことになります。あるいは、執行役（委員会等設置会社の場合）や執行役員を選任してその者に執行を担当させるわけです。

これらの権限の授権範囲については「取締役会規則」「役員職務権限規程」等によってはっきりと定められている場合がありますし、それが望ましいことはいうまでもありませんが、黙示的な場合でも有効です。

会社によっては、取締役会のほか常務会というものが設けられていることもあります。常務会は法律上の定めにはない事実上のものですが、実際上は、大会社では常務会という常務取締役以上の専任取締役の合議体に対し、取締役会の議決に基づき一定の限度内の事項についての決定権を委任しているケースも多いのです。このような委任に基づく権限分配として常務会の組織と権限が明白にされている場合には、そこでの日常業務執行権の決定、行使は有効な会社の意思となります。

ところで法人である会社は、営業活動を行うために経営組織を定め、本社、工場、支店、営

図表1－1　企業組織の例

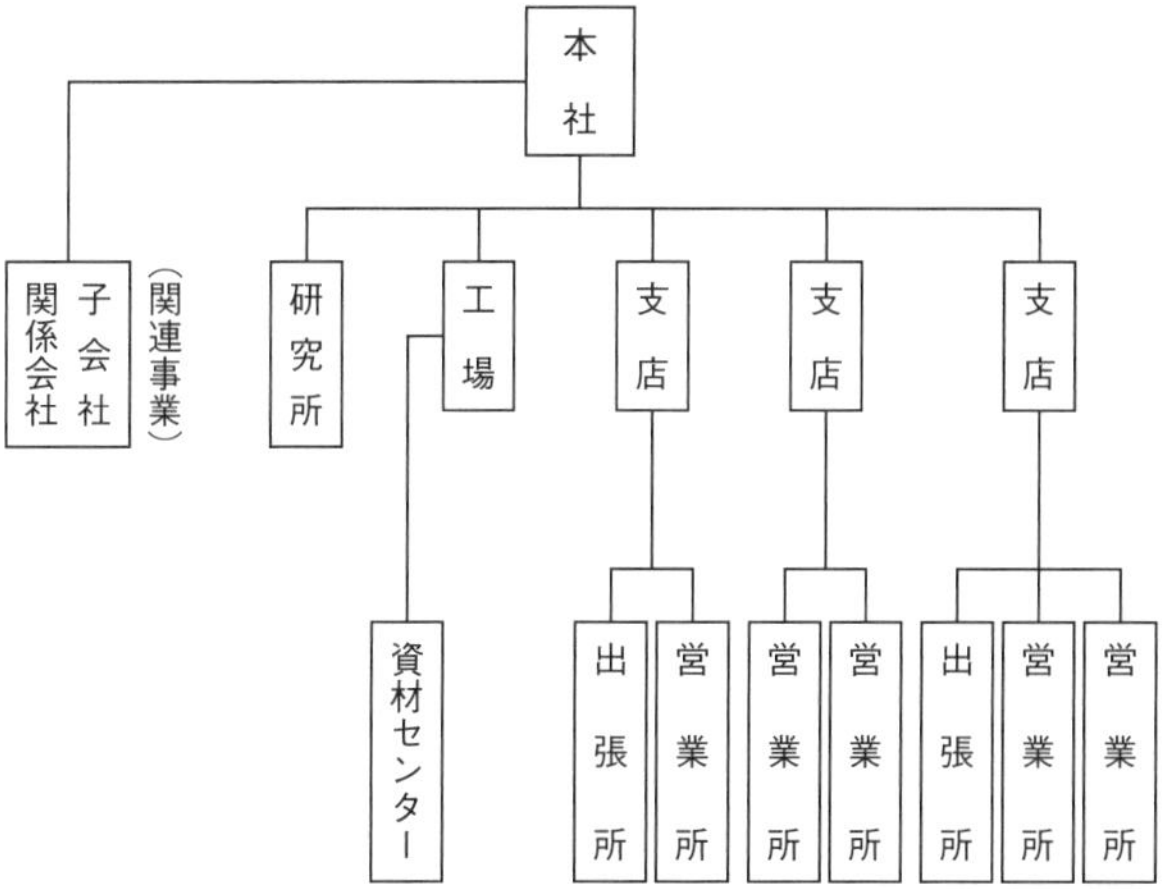

業所、研究所といった企業組織を設けて、それぞれ従業員を配置して経営活動を展開しています（図表1－1）。このような企業組織を設けた場合には、それを運営する従業員を配置して活動を行うのですが、企業として組織化して一体的な統制のとれた活動を行うために、取締役会では、各組織の設置とその担当者の職務を決定し、それらの職制に権限を分配して行使させることになります。前者が会社の「定款」に次いで定められる「組織規程」といわれるものであり、後者が「職務分掌規程」と呼ばれるものです。

重要なのは、後者の職務分掌規程です。「組織規程」によって設けられた各組織に配置された各職制に対し、誰にどのような権限を委任するかを定めるのが「職務分掌規程」です。これにより、

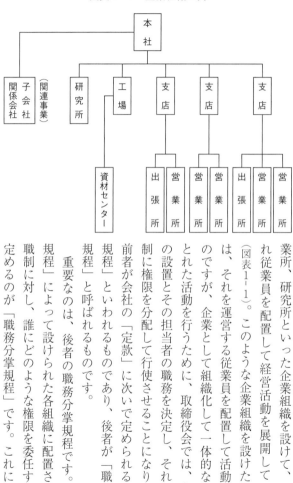

図表1-2　企業の組織・職務分掌と省庁の組織・権限規程

区分 / 項目	株式会社	省　庁
法人設立の根拠法	会 社 法	国家行政組織法
法人存立の根拠	定　　款	○○省設置法
法人の目的・事業	定　　款	同　　法
法人の組織と業務内容	○○会社組織規程	○○省組織令（政令）
社内の職制と職務権限	○○会社職務規程	○○省組織規程（省令）
職務権限と所掌の詳細（係・担当）	○○会社職務分掌規程	○○省○○局事務分掌規程（訓令・通達）

部下をもつ者が部下に対しどのような権限と義務を負い、また企業組織活動として会社に対しどんな責任と権限および義務を負うかが定まります（図表1-2）。

そして、これらを定めるのは取締役会です。会社法三六二条四項で、「支配人その他の重要な使用人の選任及び解任」（三号）、「支店その他の重要な組織の設置、変更及び廃止」（四号）は取締役会の決議事項とされていますので、これら会社の組織と、組織を担う社員に分担させる職務の内容を取締役会が決定する必要があり、このような法定の事項その他の重要な業務執行の決定を取締役個人に委任することはできない（同条四項）とされています。

第2章　部下をもつ者の法的地位

●部下をもつということは、会社の企業組織上において、部下を指揮命令し業務を遂行する職制の地位に就くことを意味します。
●職制の権限には、企業の経営権の分担行使と部下の労務管理上の指揮監督という二つの面があり、前者が労組法上の利益代表者、後者が労基法上の使用者となります。
●部下をもつ人は職制として使用者的地位に立つ一方で、自分自身労働者としての立場にもあり、残業手当等の支給の有無もその職務権限と処遇により決まります。

1　職制とは――部下をもつことの意味

企業は、営業活動を組織的に行うものですから、会社存立の基礎である定款を頂点とする企業の組織法規をもって企業（経営）組織と職制が定められています。それを管理・運営するため従業員の中から各級の職制が任命されその職に就き、会社から付与されている職務権限に従って職制としての権限を分担行使し、企業を管理・運営していくことによりその活動が展開されています。

「部下をもつ」ということは、部下の多少にかかわらずこのような会社の定める企業組織としての職制に任命され（会社の業務命令でもあります）、その職務上の地位に就くことを意味します。職制とは、企業を経営していくために定められた組織であり、労働者を指揮監督し業務目的遂行のために統率・管理する権限と責任を有する地位であると考えられています。そこで、この職制の意義は、その地位と権限という二つの面から法的に位置づけられます。つまり、①企業の経営権の分担行使者としての面、②労働契約上の労働力の使用処分権限の分担行使者としての面、の二つです。

①の経営権の分担行使者という面では、企業は資本（モノ・カネ）と労働力（ヒト）の有機的な結びつきで成り立っています。経営権とは、この資本（モノ・カネ）と労働力（ヒト）を結びつけ、有効に活用して運営していく権限です。この権限は、経営者（株主総会により経営を委ねられた取締役会）にあるのですが、経営者だけでは全体にわたる企業組織を運営していくことはできないので職制組織を設け、社員をその職制に就けて経営権限の一部を分担させて運営しています。そこである社員を部長、課長といった職制に任命して就けるということは、経営者のもっている経営権の一部を分担行使させるという地位に就けたことを意味します。

②の労働契約上の労働力の使用処分権限の分担行使者という面では、労働者は企業（会社等の法人）と労働契約を結び、労働力の提供を約束し、企業はその提供される労働力を使用処分する権限を労働契約により取得します。この労働者から提供される労働力を指揮命令して使用処分するために、会社は職制にその権限を与えて分担行使させることになります。すなわち、業務命令という形で部下の労働者に必要な業務を命じ、労働者を使用するという地位が職制の立場です。

①の地位が労組法の「利益代表者」という地位に関連し、②の地位が労基法上の「使用者」という地位に関連するものとなるのです。

なお、企業には直接部下を指揮監督するラインの職制のほかにスタッフの職制も置かれます。スタッフの職制は、ラインを補佐し、ラインの職務を促進する業務を行うことを職能とします。したがって、ラインの職制を直接執行職制というならば、スタッフは間接促進的職制といってもよいでしょう。

2 職制と経営権の分担行使

職制の第一の意義である経営権の分担行使という場合の経営権とは、会社を設立し、運営していく一切の権限をいいます。ことに会社と従業員という労使関係においては、この権限は会社の専権事項であり、労働組合または労働者との共同決定（合意）を要しない会社の経営上の事項を指しています。

かつて、終戦直後の労働運動の激しい時期には、労働組合サイドの主張として、わが国には「経営権」という権利は認められていないのだという主張がよくなされたことがありました。しかし、わが国においても「経営権」というものは多くの最高裁判決からも明らかなように、資本家（株主）またはその代理人たる経営担当者（取締役会）の権限として承認されています。

最高裁は、「わが国現行の法律秩序は私有財産制度を基幹として成り立っており、企業の利益と損失とは資本家に帰する。したがって企業の経営、生産行程の指揮命令は、資本家またはその代理人たる経営担当者の権限に属する。労働者が所論のように企業者と並んで企業の担当者であるとしても、その故に当然に労働者が企業の使用収益権を有するものでもなく、経営権に対する権限を有するものでもない」（昭25・11・15大法廷判決、山田鋼業吹田工場事件）と明白に「経営権」が企業にあることを判示し、「経営権と労働権との対等を保障しているわが国現行の法律秩序からすれば、両者の間に労働協約による特別の定めがない限り、企業の経営、生産行程の指揮命令は資本家またはその代理人たる経営担当者の権限に属する」（昭27・2・22最高裁判決、愛光堂印刷事件）としており、就業規則の作成変更も「経営権の作用である」（昭27・7・4最高裁判決、三井造船事件）と、はっきりと「経営権」が資本家またはその代理人たる経営担当者にあることを認めています。

この点について、労働法の関係からの経営権の具体的内容として、①人事、②経理（資金の調達・使用・運用・処分）、③営業（資材の調達・製品の売却）、④組織（合併・分離・解散・譲渡・委託）、⑤機構（統治体制と情報管理）、⑥職制、⑦生産方式（開発を含む）、⑧服務規定、⑨管理、⑩保安等があげられています。

一方、会社法の関係からみた、取締役会で決定しなければならない重要な業務執行権限に属するもの、およびこれに類するものとして、①株主総会に関する事項、②経営計画、③人事、④組織、⑤資産関係、設備投資、新技術導入計画等、⑥資金の調達（株式、社債の発行を含む）、⑦資産の運用・処分、投資、⑧利益処分、⑨会社と取締役間の利益相反取引承認、⑩取締役の競業取引の承認、⑪コンプライアンス体制等がありますが、これは、期せずして労働法と会社法の見方が一致していることを示しています。それだからこそ、この権限は経営者の専権裁量事項として経営責任の帰属する者に委ねられているといっていいでし

COFFEE BREAK

役員報酬カット

不況で経営不振になったり社員の重大な不祥事が起こったときなどには役員が経営責任をとって役員報酬をカットすることが行われます。ただし役員報酬は定款または株主総会の決定事項です。たとえ取締役会にその決定が委ねられたときも，いったん報酬が定まった以上は会社と各取締役との契約内容となりますから双方を拘束し，任期満了までは取締役本人の同意がない限り減額できないというのが最高裁の判例（平4.12.18）です。

これは，常勤役員から非常勤になるなど，職務内容に著しい変更があっても同じとされています。そこで，役員会で報酬カットを決めても，それに同意しない役員には強制できません。この点では従業員よりも強い法的立場にあることは案外知られていないようです。

ょう。したがって、これらは労働組合との団交の対象とならないのです。

そこで、職制（監督職や管理職）に任命されるということは、特に定めがなくても、その職制の内容として定められている（職務権限規定等）ところに従い、経営権の分担行使者という地位に就くことになります。このため、使用者の経営上の利益を代表する者に該当することになりますから、これと対抗関係に立つ労働組合の組合員にはなれない（非組合員）のです（労組法二条但書）。

3　職制と労働力の使用処分権限の分担行使

会社に入社する（採用される）ということは、会社との間で労働契約を結んだということです。労働契約とは、「労働者が使用者に使用されて労働し、使用者がこれに対して賃金を支払うことについて、労働者及び使用者が合意することによって成立する」（労契法六条）契約です。「使用されて労働する」ということは、債権的にいえば、労働者が使用者に自己の労働力の使用処分を委ねる（提供する）ということです。

労働者が労働力の使用処分権限を委ねた契約の当事者（使用者）は、あくまでも会社という法人です。ただ法人は、法的人格者であるといっても手も足もなく、口もきけないわけですから、実際に委ねられた労働力の使用処分権限を行使することができません。そこで、法人の行為というのはその代表機関である代表者（社長）が行うことになっているのです。すなわち、会社法三四九条によれば「取締役は、株式会社を代表する」とされ、「代表取締役は、株式会社の業務に関する一切の裁判上又は裁判外の行為をする権限を有する」立場であり、右の「権限に加えた制限は、善意の第三者に対抗することができない」とされています。対外的代表権と対内的業務執行権を有しています。しかし、社長が法人の代表者として労働契約に基づき提供された労働力を受領して、これを適切に指揮監督して使用するといっても、少人数の会社は別として普通は困難です。そこで、職制を設け、職制を通じて労働者を指揮監督して業務を営むことになっています。すなわち部長、課長、係長といった職制を設けてその権限を分配して委ねることにしているのです（図表2-1）。

したがって職制に任命されるという行為は、この労働力の分担行使にあたることになり、その権限を授与されるということを意味するのです。

そこで、課長が部下を指揮監督し業務命令を発する権限は、会社の代表者である社長から委ねられたものですから、いわば課長は〝自分の言うことは社長の言うことだ〟となるのです。

図表２-１　公開会社の職制組織の例

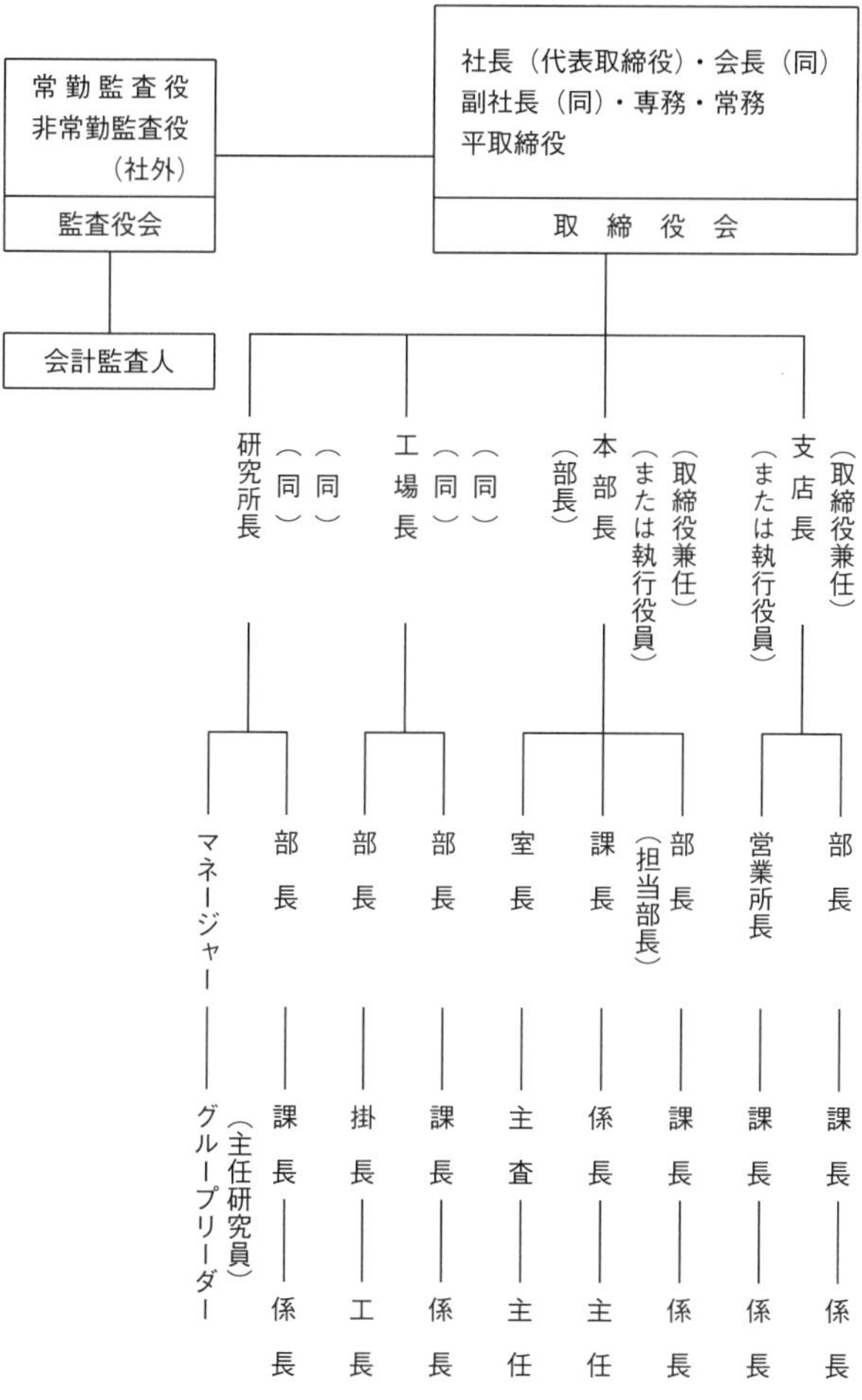

4　労働組合法からみた職制

労組法二条但書によると、役員、雇入解雇、昇進または異動に関して直接の権限をもつ監督的地位にある労働者、使用者の労働関係についての計画と方針とに関する機密の事項に接し、そのためにその職務上の義務と責任とが当該労働組合の組合員としての誠意と責任に直接抵触する監督的地位にある労働者、その他使用者の利益を代表する者の参加を許す労働組合は、労組法上の労働組合ではないとされています。これらのいわゆる「利益代表者」は労働組合に加入できない者であって、労組法上は「非組合員」として取り扱われることになっています。どのような範囲の者がこの利益代表者かという点については問題のあるところですが、労働省の通達では、具体的に、

①すべての会社役員、理事会またはこれに類似するものの構成員

②工場支配人、人事ならびに会計課長、および人事、労働関係に関する秘密情報に接する地位にある者

③従業員の雇用、転職、解雇の権限をもつ者および生産、経理、労働関係、対部外関係、法

規その他の専門的事項に関する会社の政策決定についての権限を有し、あるいはこれに直接参画する者

④労務部（名称を問わずこれに該当する部課）の上級職員

⑤秘書およびその他の人事、労働関係についての機密の事務を取り扱う者

⑥会社警備の任にある守衛

と例示しています（昭24・2・2発労四号）。

一般の企業の場合には、ケース・バイ・ケースで判断されるのですが、職制の名称によるのではなく、実質的にみて、その職位に付与されている権限と使用者に対する組合員としての立場とが抵触する程度の職務権限が与えられている地位にあるかどうかです。原則として、一般企業では課長以上の職位に就いている人はこれに該当しますが、あくまでも各企業の実態によって異なります。労働委員会の命令の中には銀行の支店次長、本店部長代理について、その会社における地位、職務権限からみて労組法二条但書の利益代表者にはあたらないとするものもあります（昭41・10・28東京都労委命令、日本信託銀行事件）。

なお労基法上、労働時間、休憩、休日に関する規定が適用されない管理監督者（労基法四一条）と労組法上の利益代表者との範囲は法的に同じかというと、これは一致しません。労基法

の方が狭く、労組法の方がその範囲が広く、割増賃金の支払いを受け、三六協定《さんろく》（一七六頁参照）の拘束を受ける職制でも利益代表者に該当するケースがあります（昭36・11・15熊本地裁判決、国鉄荒尾駅事件）。

5　労働基準法上の「使用者」としての職制

労基法では、「使用者」とは、「事業主又は事業の経営担当者その他その事業の労働者に関する事項について、事業主のために行為するすべての者をいう」（一〇条）とされています。そこで、労基法上の使用者とはその会社の労働者について会社のために労働関係に関する行為を行うすべての者が該当します。したがって、「店長は、店舗の運営に関しては、被告を代表して、店舗従業員の代表者との間で時間外労働等に関する協定を締結するなどの権限を有するほか、店舗従業員の勤務シフトの決定」等にあたっていれば（平20・1・28東京地裁判決、日本マクドナルド事件）その店長は店舗従業員に対し使用者になります。部下を一人でも指揮命令して使用する以上、その部下である労働者に関して、会社のために指揮命令して使用する行為をしていることになりますから、その職制は、たとえ店長・課長といった職制の者であっても「使用者」

となることがあります。なお通達では、「『使用者』とは労基法の各条の義務についての履行責任者をいい部長、課長等の形式にとらわれることなく、各事業において労基法各条の義務について実質的に一定の権限を与えられているか否かによるが、かかる権限が与えられておらず、単に上司の命令の伝達者にすぎない場合には、使用者とはみなさないこと」（昭22・9・13発基一七号）とされています。そこで、部下に対して時間外労働命令をしたり、年休の承認、私用外出の許可、生理休暇の付与等の権限を実質的に有している職制ならば、その範囲において「使用者」に該当することとなります。したがって、従業員に違法な時間外労働や深夜労働をさせた場合は、これらを職制として命令したり、深夜作業を行っているのを中止させなかった権限を有する職制の者が「使用者」に該当し、責任を問われることになります。このため、係長、課長、部長、支店長等が重畳《ちょうじょう》的に使用者としての責任を負うこともあります。

6　労働時間等の「適用除外者」としての職制

部下を指揮監督して経営組織を分担し業務を遂行している支店長、工場長、部長、課長、係長等の職制は、前記のとおり、労基法一〇条の「使用者」に該当するわけですが、一方では、同法九条の「事業又は事務所に使用される者で、賃金を支払われる者」ですから「労働者」にも該当します。

そこで、一方において「使用者」、一方において「労働者」という二重の地位をもつことになります。そのためこれらの者は労働者としても同法上の保護を受け、解雇等については同法二〇条によって解雇予告等の適用を受けるのです。

現に、贈賄で刑事訴追された部長について労基法の懲戒解雇に関し、労基署長の解雇予告除外認定を求めた事例や、管理職の不正に関し退職金不支給をめぐって同法の賃金不払いが問題になったケース等もあります。

ところで、労基法では、労働時間や休日・休憩等の適用については、一定の管理監督的地位にある労働者については、その適用が除外されており、割増賃金の支払い義務はありません。

この労基法四一条二号において労働時間等の適用が除外されている「監督若しくは管理の地位にある者」（これを略して、管理監督者と呼んでいます）とは、それが労働時間、休憩、休日等の適用を除外される者ということなので、その趣旨に沿って解釈しなければならないとされています。

管理監督者がこれらの規定の適用除外を受ける理由は、事業経営者と一体をなし、経営および従業員について管理的立場にある者であって、使用従属関係上の拘束が一般労働者に比較して弱く、これらの一般労働者を使用者（事業主）に代わって指揮監督する者や一定の業務を管理する地位にある者や、それと同等の地位（スタッフ）にあり、そのため労働時間（始業、終業時刻等）についての厳格な拘束を受けておらず、一般労働者について規制しているような労働時間の制限を加えなくても、その保護に欠けるところがない者だからです。

そこで、このような観点から管理監督者の範囲もおのずから限定されることになります。監督または管理の地位にある者とは、一般的に局長、部長、工場長等、労働条件の決定その他労務管理について経営者と一体的な立場にある者という意味ですが、名称にとらわれず判断することとされており、行政通達において具体的な判断基準として、次のように通達されています。

①実態に基づく判断

一般に企業においては、職務の内容と権限等に応じた地位（以下、職位という）と、経験、能力等に基づく格付（以下、資格という）とによって人事管理が行われている場合があるが、管理監督者の範囲を決めるにあたっては、かかる資格および職位の名称にとらわれることなく、職務内容、責任と権限、勤務態様に着目する必要があること。

②待遇に対する留意

管理監督者であるかの判定にあたっては、上記のほか、賃金等の待遇面についても無視し得ないものであること。この場合、定期給与である基本給、役付手当等において、その地位にふさわしい待遇がなされているか否か、ボーナス等の一時金の支給率、その算定基礎賃金等についても役付者以外の一般労働者に比し優遇措置が講じられているか否かなどについて留意する必要があること。なお、一般労働者に比べ優遇措置が講じられているからといって、実態のない役付者が管理監督者に含まれるものではないこと。

③スタッフ職の取り扱い

法制定当時には、あまりみられなかったいわゆるスタッフ職が、本社の企画、調査等の部門に多く配置されており、これらスタッフの企業内における処遇の程度によっては、管理監督者と同様に取り扱い、法の規制外においても、これらの者の地位からして特に労働者の保護に欠けるおそれがないと考えられ、かつ、法が監督者のほかに、管理者も含めていることに着目して、一定の範囲の者については、同法四一条二号該当者に含めて取り扱うことが妥当であると考えられること（昭22・9・13基発一七号、昭63・3・14基発一五〇号）。

そして、この通達の基準は判例でも妥当とされており、たとえば、「その判断の基準として労務管理方針の決定に参画し、あるいは労務管理上の指揮権限を有し、経営者と一体的な立場にあること、自己の勤務について自由裁量の権限をもち出社退社について厳格な制限を加え難いような地位にあること、その地位に対して何らかの特別給与が支払われていること等を考慮して、具体的な勤務の実態に即して決すべきものである」（昭59・5・29東京地裁判決、ケー・アンド・エル事件　昭53・3・28静岡地裁判決、静岡銀行事件　昭58・7・12大阪地裁判決、サンド事件　平3・2・26大阪地裁判決、三栄珈琲事件）等、右行政解釈に沿った判断がなされています。

判例でも、総務局次長として採用された者について、労基法四一条二号の管理監督

用　語　解　説

職位と職務

従前の官吏制度では，官と職が区別されており，「大蔵事務官に任じ主計局長を命ずる」といった形で，前者が官名（公務員としての地位），後者が職名（担当する職務と責任）とされていました。その後，官と職を一体にして官職となり，職員に割り当てられる仕事である職務の種類，複雑性，責任度に応じて職級に分類された職階制が定められました。あらゆる官職は職級に格付けされ，資格要件が定められました。

一方，国家行政組織法上の行政組織として局，部，課等が定められ，職階制による該当職級から局長，部長，課長等の組織上の地位に任命され，定められた職務（職権）を処理します。

これが民間企業にも取り入れられて職務等級と職制（役職）の制度が定められているのです。

者にあたるとして割増賃金の請求を棄却しています（昭63・4・27東京地裁判決、日本プレジデントクラブ事件）が、一方で、喫茶店の責任者（正社員は本人一人、パート採用権限あり）について独自に決定できる余地は些少なものであったとして同法上の管理監督者にあたらないとして割増賃金請求を認めています（平3・2・26大阪地裁判決、三栄珈琲事件）。

前記の「使用者」とみなされる店長でも、「被告における店長は、店舗の責任者として、アルバイト従業員の採用やその育成、従業員の勤務シフトの決定、販売促進活動の企画、実施等に関する権限を行使し、被告の営業方針や営業戦略に即した店舗運営を遂行すべき立場にあるから、店舗運営において重要な職責を負っていることは明らかであるものの、店長の職務、権限は店舗内の事項に限られるのであって、企業経営上の必要から、経営者との一体的な立場において、労基法の労働時間等の枠を超えて事業活動することを要請されてもやむを得ないものといえるような重要な職務と権限を付与されているとは認められない」（前掲、日本マクドナルド事件）ということになるのです。すなわち、社内では役付者で、いわゆる役付手当の支給を受ける者であっても、労働時間の適用の立場から出社、退社等について厳格な規制（たとえば、遅刻・早退等の制裁）を受けている場合には、ここにいう「管理監督者」には該当しないことになり、割増賃金支払い義務の対象となります。

第3章　職場の法律関係の基礎

●部下をもつ職制が、部下に業務命令できる法的根拠は労働契約にあります。その労働契約の内容は、その企業の就業規則によると平成二〇年三月一日施行の労働契約法では規定されており、就業規則は企業の職場管理の基礎といえます。
●労働組合がある企業では、団体交渉の結果、労働協約が結ばれたときは、組合員については労働協約が優先します。
●職場にはいわゆる労働慣行が存在します。職制の交替によりこれを悪慣行として廃止する場合、その効力が問題となります。職制は、これらの労働契約上の基礎的法律関係を知らないと正しい職場の管理はできません。

1　労働契約と業務命令

部下をもつ職制が、部下への各種の業務命令を行う法的な根拠は、労働契約にあります。

最高裁は、「一般に業務命令は、使用者が業務遂行のために労働者に対して行う指示又は命令であり、使用者がその雇用する労働者に対して業務命令をもって指示・命令することができる根拠は、労働者がその労働力の処分を使用者に委ねることを約する労働契約にあると解すべきである」とし、「就業規則が労働者に対し、一定の事項につき使用者の業務命令に服従すべき旨を定めているときは、そのような就業規則の規定内容が合理的なものである限りにおいて当該具体的労働契約の内容をなし、使用者はそれに基づき業務命令を発し得る」（昭61・3・13最高裁判決、電電公社帯広局事件）と述べています。

平成二〇年三月一日から施行されている労働契約法でも「労働者及び使用者が労働契約を締結する場合において、使用者が合理的な労働条件が定められている就業規則を労働者に周知させていた場合には、労働契約の内容は、その就業規則で定める労働条件によるものとする」（七条）とされています。

そこで、残業命令についても、「使用者が当該事業場に適用される就業規則に当該三六協定の範囲内で一定の業務上の事由があれば労働契約に定める労働時間を延長して労働者を労働させることができる旨定めているときは、当該就業規則の規定の内容が合理的なものである限り、それが具体的な労働契約の内容をなすから、右就業規則の規定の適用を受ける労働者は、その定めるところに従い、労働契約に定める労働時間を超えて労働する義務を負う」（平３・11・28最高裁第一小法廷判決、日立製作所事件）と判示されています。

このように、就業規則に定める労働契約の趣旨・内容がすべての業務命令の根拠となり、またどこまで業務命令ができるかの限界を示すものでもあります。

2　労働契約とは

労働契約とは、「労働者が使用者に使用されて労働し、使用者がこれに対して賃金を支払うことについて、労働者及び使用者が合意することによって成立する」（労契法六条）とされています。なお、労基法上の「労働者」とは、民事上の契約のように意思表示の合致を要件とせず、「この法律で『労働者』とは、職業の種類を問わず、事業又は事務所に使用される者で、賃金を支払われる者をいう」（九条）とされ、使用従属労働関係という実態に着目して適用されることが特徴です。「使用従属労働関係」というのは、一定の強制力を背景にして、使用者の指揮命令に従ってその支配下において指図どおり労働を提供し、服務するという命令服従の労働関係にあることをいいます。

したがって、請負契約や業務委託契約のように注文者の注文により業務を行うものであっても、使用従属労働関係の実態にあれば労基法上の労働者に該当します（運送請負契約によるバイクライダーが労働者とされた〈平19・9・27基発九二七〇〇四号通達など〉）。一方、労務管理上の指揮命令を受けず独立して仕事を完成し、あるいは業務を処理する者は、使用従属労働関係にはなく労働契約ではありません。代理商も販売代理上の拘束は受けますが、時間的、場所的、勤務内容的な拘束は受けませんから同様に労働者ではありません。

民事上の労働契約の成立は、両当事者の合意のみでよく、したがって黙示の合意（平20・4・25大阪高裁判決、パナソニックPDP事件、ただし平21・12・18最高裁二小判決で否定）でも成立します。また、届け出や登録はもとより、書面にしたり、記名押印したりする必要ももちろんありませんが、平成一一年四月一日施行の改正労基法で、労働契約締結時の主要労働条件の書面交付制度（一五条一項）が定められました。

3　就業規則と労働契約

普通、契約をする場合には契約内容、たとえば売買・貸借条件、取引条件、支払いの期限といったものは当事者間で具体的に話し合って決めるものですが、「労働契約」をする場合には、いちいち細部条件までその場で交渉して取り決めるということはしていないのが通例です。すなわち、「採用をお願いします」「採用しましょう」といった形で、具体的な契約書等は一般正社員の採用についてはとりかわさないのが雇用慣行となっています（このため、平成一一年四月一日施行の改正労基法で、主要な労働時間、賃金等五項目の労働条件について、書面交付による採用時の明示が使用者の義務となりました）。

そこで、「多数の労働者を使用する近代企業において、その事業を合理的に運営するには、多数の労働契約関係を集合的・統一的に処理する必要があり、この見地から、労働条件についても、統一的かつ画一的に決定する必要を生じる」（昭43・12・25最高裁大法廷判決、秋北バス事件）ので、この見地に立って労契法は「就業規則」をもって労働契約の内容となる労働条件と定めたのです（七条）。

このことを前記最高裁大法廷判決は「労働条件を定型的に定めた就業規則は、一種の社会的規範としての性質を有するだけでなく、それが合理的な労働条件を定めているものである限り、経営主体と労働者との間の労働条件は、その就業規則によるという事実たる慣習が成立しているものとして、その法的規範性が認められるに至っている（民法九二条参照）」とし「就業規則の規定内容が合理的なものであるかぎりにおいて当該具体的労働契約の内容をなしているものということができる」（昭61・3・13最高裁一小判決、電電公社帯広局事件）と判示し、就業規則が労働契約の内容となるとしています。これを立法化したのが労契法で、労働契約締結にあたって①合理的な労働条件が定められている就業規則を、②労働者に周知させていた場合には、それが労働契約の内容となると定め「ただし、労働契約において、労働者及び使用者が就業規則の内容と異なる労働条件を合意していた部分については、第一二条に該当する（就業規則の基準を下回る）場合を除き、この限りでない」（七条）と規定しました（図表3-1）。

そこで、右の二要件を充足する就業規則があれば、「当該事業場の労働者は、就業規則の存在および内容を現実に知っていると否とにかかわらず、また、これに対して個別的に同意を与えたかどうかを問わず、当然にその適用を受ける」（前掲、秋北バス事件最高裁判決）とされ、会社と労働者とは就業規則で定める労働条件で労働契約をしたことになるのです。また、就業規

図表３−１　労働契約と就業規則

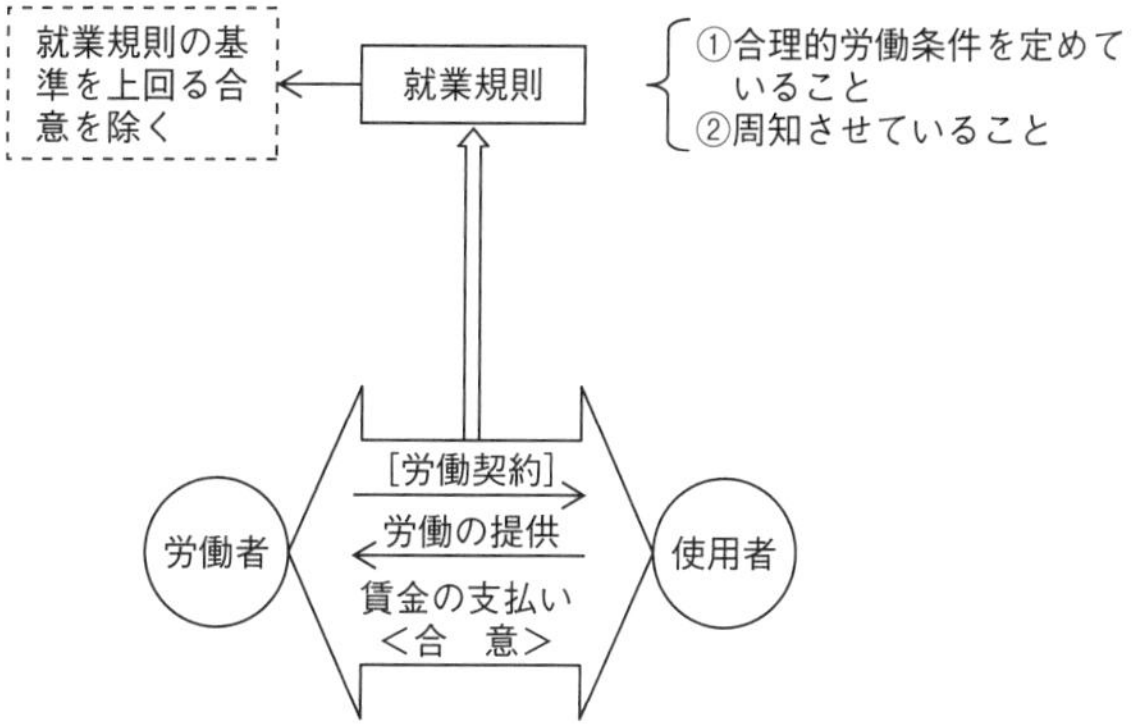

則は、常時一〇人以上の労働者を使用する使用者は、その作成・変更について所轄の労基署長にその都度届け出なければならない旨、罰則の強制をもって定められています（労基法八九条）が、実際に届け出されていない就業規則も有効で（昭41・1・20大阪高裁判決、コクヨ事件）、法定の周知手続き（労基法一〇六条）によらなくても何らかの形で周知されていれば有効（昭27・10・22最高裁大法廷判決、朝日新聞小倉支店事件）であって、就業規則について労働組合の同意は要せず、法定要件である過半数代表者等の意見を聴いていない就業規則も有効です（昭27・7・4最高裁判決、三井造船玉野製作所事件）。

4　労働協約と労働契約

わが国の企業では、従業員によって労働組合が結成されているところも多いのですが、労働組合と使用者が、団体交渉をした結果、労働条件その他について合意に達した結果を書面にし、両当事者が署名または記名押印したものを「労働協約」といいます（労組法一四条）。

労働組合と使用者との間で話し合って取り決めた合意を文書化し、使用者側と労働組合の代表者とが署名または記名押印したものであるならば、その標題が「労働協約」という名称でなくても「協定」「確認書」「覚書」等名称のいかんを問わず、法律上は労働協約に該当します。

したがって、労働協約は、従業員によってその会社に労働組合が作られている場合においてのみ成立します。また、労組法六条に定める「労働組合の代表者または労働組合の委任を受けた者は、労働組合または組合員のために使用者またはその団体と労働協約の締結、その他の事項に関して交渉する権限を有する」旨の団体交渉の結果締結されるものですから、その適用を受けるのは、従業員すべてというわけではありません。「労働協約の適用を受けるのは、原則として、締結当事者たる労働組合の組合員である従業員に限られ、組合員以外の従業員には及ばない」（昭32・10・8労働省労働法規課長通達ほか）ので、管理監督者、機密事務取扱者、臨時、パートタイマー、試用期間中の者等、当該労働組合の規約等により非組合員とされている従業員には適用になりません（ただし、労組法一七条の「一の工場事業場に常時使用される同種の労働者の四分の三以上の数の労働者が一の労働協約の適用を受けるに至ったときは、当該工場事業場に使用される他の同種の労働者に関しても、当該労働協約が適用される」旨の規定に定める、いわゆる一般的拘束力が生ずる場合は別です）。

このような労働協約は、労働者が憲法二八条に定める団結権に基づいて団結し、真に使用者と対等の立場に立って争議権を背景にして交渉した結果合意をみたものですから、その性質上、個々の労働者（組合員）が使用者と結んだ労働契約に優先することになるので、労組法一六条は、「労働協約に定める労働条件その他の労働者の待遇に関する基準に違反する労働契約の部分は無効とする。この場合において無効となった部分は、基準に定めるところによる。労働契約に定めがない部分についても同様とする」と定めています。また、労契法でも「就業規則が法令又は労働協約に反する場合には、当該反する部分については、第七条、第十条及び前条の規定は、当該法令又は労働協約の適用を受ける労働者との間の労働契約については、適用しない」（一三条）と規定しています。

5　職場の労働慣行の効力と取り扱い

(1)　労働慣行とは

わが国の労働問題や労使紛争上、よく「労働慣行」とか「職場慣行」あるいは「労使慣行」といった言葉が用いられます。このような使用者と労働者あるいは労働組合との間の慣行について、以下ではこれをまとめて「労働慣行」と呼ぶことにします。一般法上は、規範として拘束する社会的な慣わしのことを「慣習」と呼んでいます。これについて、『民事法学辞典』によれば「社会生活上、反復して行われ、ある程度まで一般人または一定職業ないし階級に属する人を規律するようになった一つの社会規範である」とされ、この社会規範が「社会の法的確信によって支えられて、一つの法規範の実体を備えるようになり、かつ法規範として妥当すべき効力意思が、その中に現れてくる程度になると、そういう社会規範を『慣習法』といい、その程度に至らない社会規範を『事実たる慣習』という」とされています。

わが国では、この慣習法は法適用通則法三条、事実たる慣習は民法九二条によって、それぞれ法的効力が認められています。しかし、労働関係においては、法律なみに一般的な効力をもっている慣習法というものは、現在のところほとんど認められるに至っていないと考えられ、一般には民法九二条の当事者間の契約レベルの「事実たる慣習」のみが問題となっています。

そこで民法九二条の「事実たる慣習」というのは、一般取引の場合には、その取引社会では当然に契約の内容をなすと考えられ拘束力をもっていると理解されている慣習をいいます。これを労働慣行の場合にあてはめますと「当該慣行が企業社会一般において労働関係を律する規範的な事実として明確に承認され、あるいは当該企業の従業員が一般に当然のこととして異議をとどめず当該企業内においてそれが事実上の制度として確立している底のものであることを要する」（昭41・３・31東京地裁判決、日立電子事件）とか、「事実たる慣習が成立するための要件としては、同種の行為または事実が長期間反復継続して行われていたこと（いわゆる慣行的事実）、その行為ないし事実が多数の当事者間において行われあるいは存在していたこと（普遍性）、当該労働条件についてその内容を決定し得る権限を有し、あるいはその取り扱いにつき一定の裁量権を有する者が規範意識を有していたこと（規範意識の存在）が必要というべきである」（平元・２・10長崎地裁判決、三菱造船所事件）とされています。

(2) 労働慣行の効力

仮に労働慣行の存在が職場で認められる場合でもその法的効力についてはその内容に従っていろいろなものがありますが、一応筆者なりの見解でいえば次のようになるといえましょう。

①実質的な就業規則と解される場合……本来就業規則の改正をすべき事項、たとえば始業時刻を午前八時三〇分から午前九時とすることなどを、改正手続きをとらないで事実上の労働慣行として行っているようなときは「実質的な就業規則」(昭43・1・26東京高裁判決、国鉄田町電車区事件)と解され〝書かれざる就業規則〟〝不文の就業規則〟としての効力をもつと思われます。ただし、このような効力が認められるのは後述のとおり、使用者(就業規則の制定・改廃の権限をもつ者)にその適用意思があることが必要で、労契法では、「労働契約において、労働者及び使用者が就業規則の内容と異なる労働条件を合意していた部分」(七条但書)と認められることが必要です。したがって、就業規則に抵触する悪慣行で、使用者が認めないと述べている場合には労働慣行の効力が否定されています(昭63・2・24東京地裁判決、国鉄池袋・蒲田電車区事件)。

②個別労働契約の内容と解される場合……反復継続により労働契約内容となる労働条件として特定の労働者の取り扱い上定着している事項、たとえば経理課の者がマイクロバスの送迎運転をしたときは一回につき千円を支払うことなどが、現実の取り扱いとして定着し、実際に送

迎手当として給与明細書に掲げているようなときは、その人と使用者との間で「就業規則の内容と異なる」労働契約の内容の合意としての効力をもつものです。ただし、これは就業規則の基準を上回る場合のみ成立します（労契法一二条）。

③就業規則の適用基準と解される場合……出退勤管理や職場秩序などに関する職場慣行が認められる場合、たとえば、一〇分程度の遅刻は遅刻と取り扱わないとか、社内の医務室に治療に行くときは労働時間として認めるといったような、職場内の管理が労働慣行となっている場合等は一種の就業規則の解釈・適用基準と解されます。

これは職場管理上の裁量権の行使で、権

COFFEE BREAK

接待ゴルフと労災

わが国では取引関係上において，営業を促進したり，緊密な関係の維持や協力関係の円滑化のために，いわゆる社用ゴルフが行われています。その往復やプレー中などに事故により被災することがあります。

この場合，会社の業務命令で参加し，費用も会社から支給されているといった場合には，業務上災害になり労災保険給付が行われるのではないかと思われています。しかし，厚生労働省の認定基準ではゴルフは一般には仕事とは認められず，いわゆる労災にはなりません。ゴルフが業務上となるのは，本人自身がプレーをしない世話担当の社員の場合であり，プレーする者はよほどの業務上の重要性と積極的な会社の特命がなければなりません。これはセールス担当者の夜の接待に関しても同じです。

利・義務を構成しないことが多く、予告なしに突然変更することは使用者の労務管理権の濫用となるという効力をもちますが、一定の必要性があり、猶予期間を置けば改廃は可能です。

④業務基準・作業心得と解される場合……会社の業務遂行基準や服務上の取り扱いや処理について、各職場においてそれぞれ反復継続し、定着したルールがあるときはそれに従うべき拘束を受けます。これは職場における業務遂行上のルールとして拘束力をもつものであり、業務基準・作業心得となり、業務命令の内容や業務上の注意義務として拘束することになります。ただし、労働慣行としての効力が認められるのはあくまでも「公の秩序に反しない限り」ですから、それが作業の手抜きや安全の無視といった悪慣行のときは効力がありません。また、業務上のルールですから合理的理由による改廃は有効です。

⑤会社と労働組合間の取り決めと解される場合……労働時間中の組合活動の承認、会社施設の貸与、その他の便宜供与等、労働組合と会社との間の取り扱いの慣行が認められる場合です。これは権利・義務的な効力ではなく従来の労働慣行の取り扱いを使用者が拒否したりしたとき、それが不当労働行為意図によるものか、他の業務上の合理的理由によるものかが問題となるといった性質のものと解されています。最近の通説は「労使慣行それ自体で特別の法的効力を認むべき実定法上の根拠は見あたらない」（菅野和夫『労働法』第十一版、一六二頁）とし、否定され、

不当労働行為意思の認定上の事実問題であるとする傾向にあります。

6　職制の交替による労働慣行の改廃の効力

よく職場では所属長や上司等、各級職制の人事異動に伴う交替により、従来その職場で形成されてきた労働慣行を新任の管理者や監督者が認めないとか、「それは悪慣行だから廃止する」といったことがあり、職場で紛争が生ずることがあります。

このような労働慣行の多くは、いわゆる職場慣行と称されるもので、管理者の就業規則の解釈・適用基準の場合が通常です。それが就業規則に反するその職場限りの取り扱いであれば、いわゆる「ヤミ慣行」といわれるもので会社に対し効力がなく、一方的改廃も有効となります。

たとえば「電車区長には就業規則を改廃あるいは変更し得る権限までは付与されていないこと、したがって勤務時間を短縮し得る権限を付与されていないことが明らかである。そうすると、電車区長が勤務時間内の洗身入浴を認め、右洗身入浴が長期間にわたって反復継続していたとしても、就業規則を制定改廃し得る者がこれを明示または黙示に是認しない限り、法的効力を有する慣行が成立していたものと言うことはできない」（昭63・2・24東京地裁判決、国鉄池袋・蒲田電車区事件）とされています。そして、法的効力のない慣行ですから一方的廃止も有効と判示されています。

その職場での慣行といわれるものでも、過去の慣例、先例的なものにすぎないものであれば法的効力は認められません。判例でも「慣行は法規範ではない。慣行は一つの社会規範として社会生活を規律するようになるが、社会の法的確信により支持されるようになってはじめて法規範となるのである」（昭48・5・14東京地裁判決、紀伊國屋書店事件）とされているとおりであり、企業内の労使により法的確信状態となっていない、単なる「慣例」や「先例」等は、法的な効力は有しないのです。

また、その職場慣行が定着し、労使間において法的確信に至っているものであっても、その内容が企業の状況や社会事情等からみて不合理となり、改廃が合理的であるという状況に至った場合には、客観的にみて諸般の事情から合理性が認められる改廃であれば有効となります。

それは、明文の就業規則についてさえ、いわゆる就業規則の不利益変更の効力に関し、「当該（改正）規則条項が合理的なものである限り、個々の労働者においてこれに同意しないことを理由として、その適用を拒否することは許されないと解すべきである」（昭43・12・25最高裁大法廷判決、秋北バス事件）と判示されており、職場内慣行は明文化されていない事実上のものですから、基礎となる事実が変更すればその効力が失われるのです。そこで、従来の職場慣行の改廃が諸般の事情からみて合理的なものであれば有効となり、仮に既得権の侵害であると主張して反対する労働者がいても有効として適用されることになります。

7　労働契約・就業規則・労働協約の関係

管理者等の職制にある者が部下を指揮監督して業務を遂行するにあたっては、会社と労働者との間の労働契約、就業規則、労働協約等に定める労働条件や職場秩序を守って行わなければなりません。また、当然のことながら関係法令に違反した業務命令をしてはいけません。そこで労働条件や服務規律および企業秩序等について定められている法令、労働協約、就業規則、労働契約のそれぞれの関係がどうなるかを管理者は明確に理解していなければ、無用の紛争を生じます。この優先的効力の順位は図表3－2のようになっています。

すなわち何よりも法令（ここでいう法令とは労基法などのいわゆる強行法規のことです）が、すべてに優先し、次いで労働協約、就業規則、労働契約、そして企業内規範として明白に使用者が承認している労働慣行といった順序になります。

図表3-2　基準の効力順位

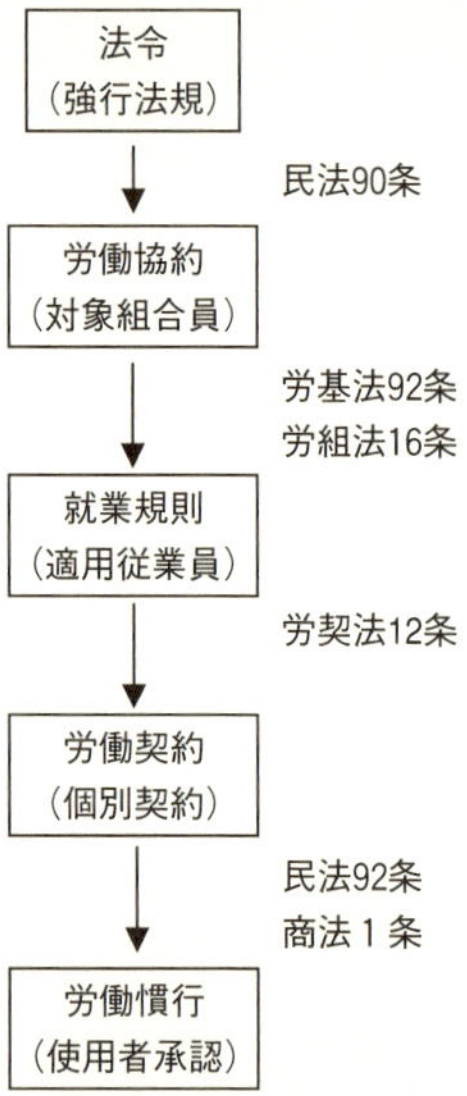

第一位と二位の「法令と労働協約」の効力順位については、公の秩序である法令と私人間の取り決めである労働協約との関係は、「公の秩序……に反する事項を目的とする法律行為は無効とする」（民法九〇条）旨の定めにより「公の秩序」としての「法令」である強行法規が最優先効力を有しているので、たとえ労働組合との合意書面である労働協約に定めた事項であっても、労基法や労組法といった強行法規に違反する事項は無効となります。

第二位と三位の「労働協約と就業規則」との効力関係については、労基法九二条において「就業規則は、……当該事業場について適用される労働協約に反してはならない」と明白に定められ、「行政官庁は、……労働協約に抵触する就業規則の変更を命ずることができる」（同条二項）と定められていることから、労働協約が就業規則に優先することになります。

ただし、労働協約はそれを結んだ労組の組合員だけに適用されるものですから、ここでいう協約に抵触する就業規則も組合員たる従業員についての適用範囲に限定され、非組合員には及びません（労契法一三条）。なお、その協約が「一の工場事業場に使用される同種の労働者の四分の三以上の数の労働者が一の労働協約の適用を受ける」ときは、労組法一七条に定める同種の労働者である非組合員にも効力の及ぶ一般的拘束力が生じますので、そのようなケースの場合は別です。

第四位の個々の労働者との労働契約と第三位の就業規則との関係については、その効力順位については、明白に労契法一二条で、「就業規則で定める基準に達しない労働条件を定める労働契約は、その部分については無効とする。この場合において無効となった部分は、就業規則で定める基準による」とされていることから明らかなように、個々の労働者との労働契約よりも就業規則が優先し、就業規則が労働契約の内容となる（労契法七条）のです。

第四位の労働契約と第五位の労働慣行との関係は、労働慣行の中でも経営者がこれを明白に承認し企業内の規範化されているものは、民法九二条の「事実たる慣習」としての効力が認められ、同条では「法律行為の当事者がその慣習による意思を有しているものと認められるときは、その慣習に従う」と定められています。それは多くは黙示的な合意の場合と思われます。しかし、「民法九二条により法的効力のある労使慣行が成立していると認められるためには、同種の行為又は事実が一定の範囲において長期間反復継続して行われていたこと、労使双方が明示的にこれによることを排除・排斥していないことのほか、当該慣行が労使双方の規範意識によって支えられていることを要し、使用者側においては、当該労働条件についてその内容を決定しうる権限を有しているものか、又はその取扱いについて一定の裁量権を有する者が規範意識を有していたことを要するものと解される」（平5・6・25大阪高裁、平7・3・9最高裁判決、商大八戸ノ里ドライビングスクール事件）点に注意が必要です。なお、労働慣行が存在しているとされるときも、その内容や適用範囲については種々問題があります。

8　就業規則の不利益変更の効力

最近の長期不況と国際競争力等の関係から、わが国の企業社会では、労働条件の見直しや賃金・退職金制度の変更が行われています。

その中でも特に経営不振から、賃金・退職金等を従来の就業規則では経営が困難なので現行の定めよりも引き下げるといった不利益変更の効力が問題となっています。また、入社から退職まで四〇年以上にわたる継続契約ですから企業社会の変動に応じ労働条件も当然変更することが予想されています。そこで、労契法では、「労働者及び使用者は、その合意により、労働契約の内容である労働条件を変更することができる」（八条）と定めました。しかし、不利益変更の場合労働者が不利益変更に同意すればよいのですが、労働者の同意なく不利益に変更できるか、その場合の効力は、といったことが問題です。

これについて労契法では、「使用者は、労働者と合意することなく、就業規則を変更することにより、労働者の不利益に労働契約の内容である労働条件を変更することはできない。ただし、次条の場合は、この限りでない」（九条）とし「使用者が就業規則の変更により労働条件を変更する場合において、変更後の就業規則を労働者に周知させ、かつ、就業規則の変更が、労働者の受ける不利益の程度、労働条件の変更の必要性、変更後の就業規則の内容の相当性、労働組合等との交渉の状況その他の就業規則の変更に係る事情に照らして合理的なものであるときは、労働契約の内容である労働条件は、当該変更後の就業規則に定めるところによるものとする。ただし、労働契約において、労働者及び使用者が就業規則の変更によっては変更されない労働条件として合意していた部分については、第十二条に該当する場合を除き、この限りでない」（一〇条）と定め、不利益変更のルールを規定しました（図表3-3参照）。これは従来の判例による「就業規則の作成又は変更によって既得の権利を奪い、労働者に不利益な労働条件を一方的に課することは、原則として許されないと解すべきであるが、労働条件の集合的処理、

図表３−３　労働契約と就業規則の不利益変更の法理

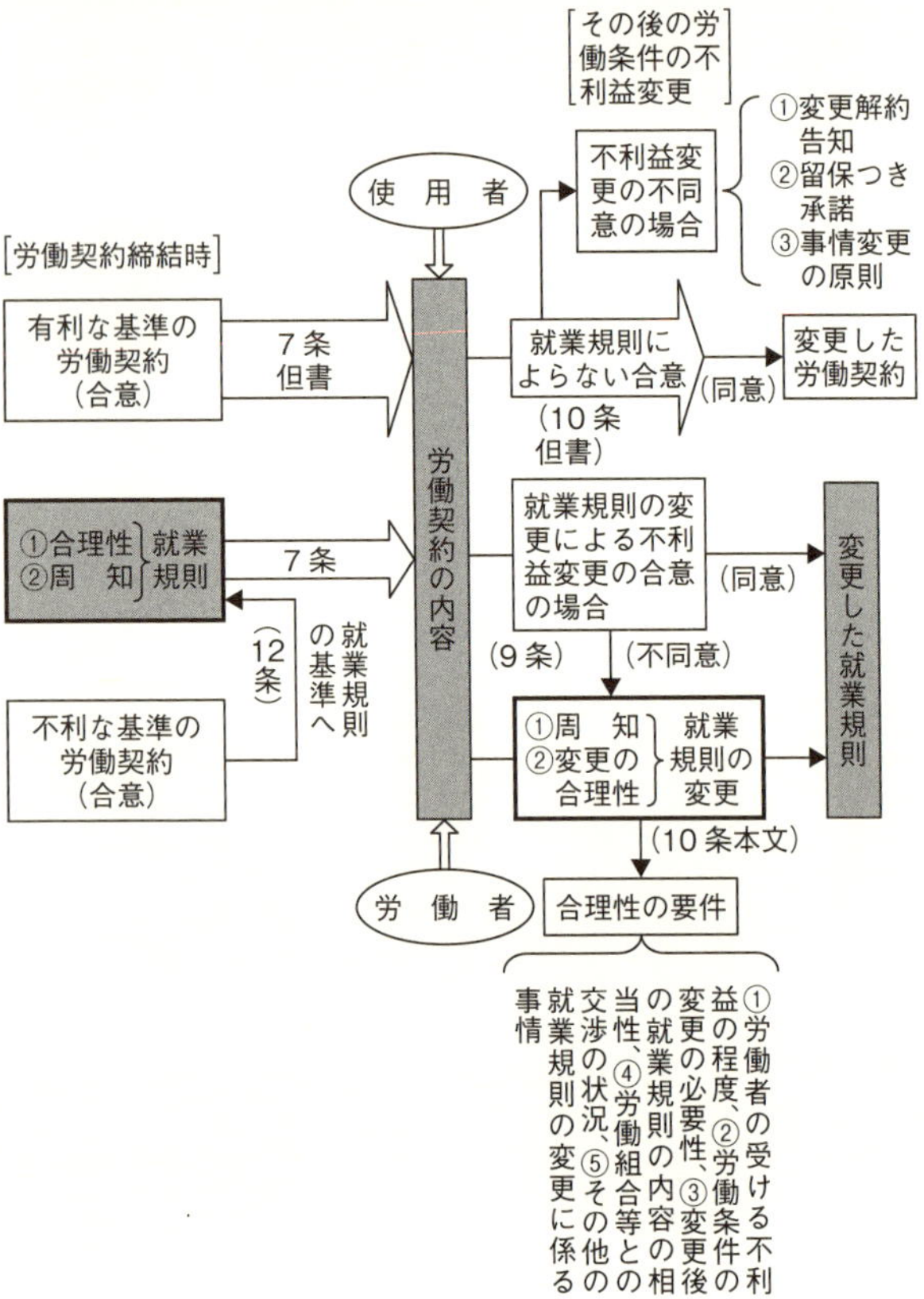

特にその統一的かつ、画一的な決定を建前とする就業規則の性質からいって当該規則条項が合理的なものであるかぎり、個々の労働者においてこれに同意しないことを理由として、その適用を拒否することは許されないと解すべきである。これに対する不服は団体交渉等の正当な手続による改善にまつほかはない」（昭43・12・25最高裁大法廷判決、秋北バス事件）との判示および「特に、賃金、退職金など労働者にとって重要な権利、労働条件に関し実質的な不利益を及ぼす就業規則の作成または変更については、当該条項が、そのような不利益を労働者に法的に受忍させることを許容することができるだけの高度の必要性に基づいた合理的な内容のものである場合において、その効力を生ずるものというべきである。

右の合理性の有無は、具体的には、①就業規則の変更によって労働者が被る不利益の程度、②使用者側の変更の必要性の内容・程度、③変更後の就業規則の内容自体の相当性、④代償措置その他関連する他の労働条件の改善状況、⑤労働組合等との交渉の経緯、⑥他の労働組合または他の従業員の対応、⑦同種事項に関する我が国社会における一般的状況等を総合判断すべきである。（注：番号は筆者）」（平９・２・28最高裁二小判決、第四銀行事件）との判示を立法化したものです。

第4章　職制の部下に対する権限

●部下をもつ職制には、各種の権限があります。その第一が、部下に対する教育指導権限です。特に入社後の試用期間は、適格性判定期間であると同時に教育期間でもありますので、新入社員教育は重要です。ただし、行き過ぎるとパワハラになります。

●職制は、業務命令権限、職場秩序維持権限、施設管理権限、勤務変更権限、安全衛生管理権限、信用保持権限、誠実職務遂行権限、業務促進権限、兼業禁止権限、企業秘密漏洩防止権限等、各種の部下の管理権限をもっています。

●職制のこの権限は、善良な管理者の注意をもって行使される必要があり、違反者の調査権限も秩序維持、再発防止上の立場より認められています。

1　教育指導権限

部下をもつ職制（監督・管理職）に任命されるということは、特に定めがなくても、経営権の分担行使という地位に就くことになり、部下を指揮監督して業務を率先遂行する企業内の地位に就いたことになります。このような職制の地位に就いた場合に心得るべきことは、第一に部下に対する指導教育ということです。というのは、わが国企業の場合には、従業員は一般にいわゆる新規学卒者を採用することが大部分であり、労働者としての心得や基本的な義務といった「勤労者」教育を受けていない者を採用して、企業内でＯＪＴを中心にして育成していくというのが実態です。たとえばあいさつの仕方、電話のかけ方、文書の書き方等、基本的なことも全く知らないことを前提で採用しますので、職制や上司にとっては部下に対する指導教育ということが重大な事項となり、企業は、新卒者を採用して企業内で教育を施し、指導し、育成しながら、企業内キャリア形成システムに従い昇進・昇格させ、特別なことがなければ定年まで雇用をしていくという雇用システム（いわゆる正社員の場合）になっています。

特に採用直後の試用期間中は、従業員としての適格性の判定期間であるとともに企業に適した労務の提供ができるように教育指導し、一人前の労働者に育成するという「教育期間」でもあるのです。従業員として不適格であるから本採用をせず、解雇するという場合にも、「よく教えましたがとても駄目です！」ということでないと本採用拒否による解雇の正当性は成り立ちません。すなわち、「見習期間は、近い将来において会社の社員となって、その企業に貢献するために必要な基本的知識および生産過程の基本的労働能力を修習会得させるという教育機能ならびに会社における職場の対人的環境への順応性およびその職場において労働力を発揮し得る資質を有するかどうかの判定機能をもっており、この機能を果たさせることが見習期間制度の目的であるから、右裁量権は、まず会社が実施した教育が右目的に即して社会的に見て妥当であることを前提とし、これによって制限される。たとえば、この教育によってたやすく矯正し得る言動、性癖等の欠陥を何ら矯正することなく放置して、それをとらえて解雇事由とすることは許されない。また職場の対人的環境への順応性および職場における労働力の発揮力といっても、その学歴、就くべき職種を考慮に入れた上、その平均的労働者を標準とすべきものである」（昭44・1・28東京地裁判決、日本軽金属事件）とされています。

ただし、職種や職務を特定したり、管理職のポストを前提とした試用期間付の中途採用者については、そこまでの教育義務はありません。

2　業務命令権限

職制の第二の権限は、業務命令権限です。最高裁は、「一般に業務命令とは、使用者が業務遂行のために労働者に対して行う指示または命令であり、使用者がその雇用する労働者に対して業務命令をもって指示・命令することができる根拠は、労働者がその労働力の処分を使用者に委ねることを約する労働契約にあると解すべきである」とし、「使用者が労働者に対し労働契約に基づき命じうる業務命令の内容は、労働契約上明記された本来的業務ばかりでなく、労働者の労務の提供が円滑かつ効率的に行われるために必要な付随的業務をも含むことは言うまでもない。しかしながら、業務命令であっても、使用者はこれを無制限に労働者に命じうるものではなく、労働者の人格、権利を不当に侵害することのない合理的と認められる範囲のものでなければならないものというべきである」とし、「その合理性の判断については、業務の内容、必要性の程度、それによって労働者が蒙る不利益の程度などとともに、その業務命令が発せられた目的、経緯なども総合的に考慮して決せられる必要があるものと解される」（昭61・3・13最高裁判決、電電公社帯広局事件）と述べています。そして、バスの運転士が脱帽乗務をしたことについて平均日額の二分の一を減給したことについて、制服・制帽の着用は、運転士に対し、その任務と責任を自覚させ、乗客に信頼感を与えるもので、これを強制する就業規則等の規定には合理性があり、冷房車においては、制帽の着用が運転士に生理的苦痛を与えることはないとして、制服・制帽着用命令を有効（平６・９・27横浜地裁判決、神奈川中央交通事件）とし、一方トラックの運転者について「債権者が頭髪を黄色に染めたこと自体が債務者会社の就業規則上直ちにけん責事由に該当するわけではない」（平９・12・25福岡地裁小倉支部決定、東谷山家事件）と判示されています。

さらに、仕事はその労働者一人だけで行うものではなく、同僚や上下の担当部署にある従業員とともに協同して遂行しなければならないものですから、協同・協調し、一体となってその職場の規律に従って働くという点も重要な要素なので、このために協同遂行に関する必要な指示、命令も業務命令の中に入ってきます。

さらに、企業外の行為に関しても「企業は社会において活動するものであるから、その社会的評価の低下毀損は、企業の円滑な運営に支障をきたすおそれなしとしないのであって、その評価の低下毀損につながるおそれがあると客観的に認められるごとき所為については、職場外でされた職務遂行に関係のないものであっても、なお広く企業秩序の維持確保のために、これを規制の対象とすることが許される場合もある」（昭49・2・28最高裁判決、国鉄中国支社事件）と判示されているように、職場外における行為であっても、企業秩序の維持確保や企業の円滑な運営に支障を生ずるおそれのあるものについては、必要な指示・命令ができ、業務命令の範囲となります。

また「将来の企業秩序の維持にできるだけ支障を及ぼすおそれのないように」（昭58・9・16最高裁判決、ダイハツ工業事件）するためにも、業務上必要な指示・命令ができ、これを広義の業務命令といいます。

このように、業務命令とは単に労務提供上の指示・命令だけではなく、職制は「企業の存立を維持し目的たる事業の円滑な運営を図るため」（昭54・10・30最高裁判決、国鉄札幌駅事件等）広く従業員に対し指示・命令、監督・指導ができるのです。

そして、この業務命令の有効性を担保するために懲戒処分権限が認められています。判例でも「懲戒権なるものは、その本質からすれば、企業運営の担当者である使用者が、企業体の事業目的を達成すべき目的の下に経営の必要上、労働者に対して発する業務命令の有効性乃至強行性を担保し、受命者たる労働者をして事実上当該命令に服従することを強制するため、業務命令に違反する労働者に対してある種の制裁を科することができる使用者の権限である」（昭

30・10・10高松地裁決定、四国電力事件）とされているのです。

なお、このように上司には部下に対する指導教育権限が認められていますが、口汚なくののしったり、辞めろといった辞職強要のような社会通念上許される範囲を超えるといわゆるパワハラとして違法とされますので注意しなければなりません（平25・2・27東京高裁判決、ザ・ウィンザーホテルズインターナショナル事件など）。

3　職場秩序維持権限

企業は大勢の従業員を擁して有機的にこれらが組織され、協同関係に立って一体となって運営されています。そこで従業員一人一人が勝手な行動をしてはその存立はあり得ませんし、それが乱れると企業の運営はたちまち危機に陥ってしまいます。

判例でも、ことに、多数従業員の労務提供が「有機的に行われる現代の企業のもとにおいては、なによりも職場における規律と協同が重んじられ」（昭48・6・29静岡地裁判決、国鉄静岡管理局事件）、「企業秩序は、多数の労働者を擁する企業の存立、維持のために必要不可欠」であり、使用者は「経営秩序を維持し、生産性の高揚を図るために、労働者の秩序違反」について「就業規則等に基づき懲戒処分を行うこと等によって乱された企業秩序を回復、保持」すること（昭47・12・9東京地裁判決、昭52・12・13最高裁判決、富士重工業事件）が認められているのです。

このため、就業規則で「従業員は、秩序を維持し、業務の円滑な遂行のため次の事項を守らなければならない」などと定められているのは、この本質から当然の事理を定めたものであり、たとえこのような規定がなくても従業員の義務なのです。

4 施設管理権限

従業員は、労務を提供するために事務所や店舗や工場の構内に入構することになりますが、その敷地、建物、施設、機械装置等は、企業が所有し、占有するものですから、企業の意に反して、自分勝手に自由に利用するわけにはいかないのです。従業員は、このような企業の所有権、占有権等の物的管理権限に服することになります。

また、これらの施設は企業目的に供されているのであり、企業の存立と維持は物的施設と人的な労働力との有機的な統合で成り立っていますから、施設の管理は単に物に対してのみではなく、これを利用し使用する人に対しても必要なので、施設管理権限の中には、物的管理権限と同時に、利用する従業員に対する人的管理権限も含まれています。

このことは労基法三四条三項の休憩時間の自由利用に関しても、「一般に労働者は休憩時間といえども、その勤務する事業所または事務所内における行動については、使用者の有する右事業所等の一般的な管理権に基づく適法な規則に服さなければならない」(昭49・11・29最高裁判決、駐留軍立川基地事件)と判示されていることからも明白です。

また、いかに労働組合活動であるからといっても、使用者の許可承認なく無断で企業施設を使用できるという当然の権利があるわけではありません。「労働組合が、当然に当該企業の物的施設を利用する権利を保障されていると解すべき理由はなんら存しないから、労働組合またはその組合員であるからといって使用者の許諾なしに右施設を利用する権限をもっているということはできない」(昭54・10・30最高裁判決、国鉄札幌駅等事件)とされているとおりです。

労組の無断ビラ貼り等に対し使用者側の一定手続きを経たそのビラ撤去行為は、使用者の対抗行為として正当である(昭50・6・18中労委命令、商大自動車教習所事件)とか、ロッカーへのビラ貼付につき懲戒処分が有効(前掲判決)と考えられているのもその一つであり、労組に対しビラ貼り禁止の仮処分さえ認められています(昭62・12・23東京地裁判決、エッソ石油事件)。

また、従業員は労務を提供するためにのみ企業への立ち入りが認められているのであり、使用者の意に反する立ち入りは、その管理権からの規制を受けることになり、社員は会社の意に反し自力で工場、事務所等に立ち入りを強行することは許されません（昭29・12・24浦和地裁判決、清水製作所事件）。

5　人事権と勤務変更権限

わが国の労働契約は、「一般に特別の合意がない限り、労働者は自己の提供する労働力の使用を包括的に使用者に委ねるものであり、使用者は、この契約上の権限に基づき労働者の給付すべき具体的労働の種類、態様、場所などを個別的に決定し、またはその変更を命じ得る」というのが判例、通説です。

これは配転等に類似した出向の場合も同じです。「出向命令、配転命令が使用者の人事権（労務指揮権）の行使の一環としてなされるものである以上業務上の必要性および人選の妥当性の判断に際しては使用者の裁量権を無視することはできない」（昭52・12・21東京地裁判決、古河電工事件、上告審、昭60・4・5最高裁判決）とされています。この使用者の労務配置、および変更等の権限を人事権といいます。

そこで労働者は「転勤しない」とか「業務を変更しない」とかを特に約束していない限り、「私は、会社の命ずる場所で命ずる仕事をします」という約束の下に使用者に業務や場所の裁量決定権限を与えて採用されています。したがって、使用者の転勤や配転命令等に労働者は原則として従わなければならないのです。なお、いわゆる転勤のない「コース別雇用」の「一般職」に応募した場合は限定雇用となるので、その限定雇用の範囲を超える人事異動には本人の同意が必要となります。

企業の行使する人事権限は、配転や転勤というものにとどまらず、一定の人事権を各職制に分配して行使することもできます。会社の定めるところにより、支店長であれば支店内の人事異動権限、課長であれば課内の係の異動や担当業務の変更についての人事配置権限を有することもあります。

また、人事異動のみならず日常の勤務の設定・変更や従業員の勤務編成とその変更権限も使用者にあります。使用者が企業運営の円滑化、効率化、生産やサービスの変化等に応じて新しい勤務形態や勤務時間制度を設定し、それに基づく勤務を命ずることは、包括的に委ねられた労働力の処分権限の行使ですから、その命令が濫用（いきすぎ）にわたるものでない限り、労働者はそれに従う義務があるのです。

判例でも、「労働基準法等の法令、就業規則、規程および本件協約、本件覚書等の制約に反しない限り、客室乗務員に対し、勤務割を指定し得る権利を有するのはもちろん、勤務時間の延長、休養時間の短縮等にわたることがあっても、一旦指定した勤務割を変更し得る権利をも有するものであり、このことは、勤務割変更をするのが勤務日当日であるか否かによって異なるものではない」（平元・2・27東京高裁判決、日本航空事件）とか、一昼夜交替勤務への変更命令につき「使用者である国鉄は、就業規則の規定するところにのっとり労働者である職員に対し勤務変更の業務命令を発令し、職員はこれに従うべき義務がある」（平元・9・29大阪高裁判決、国鉄梅小路駅事件）とされています。

この権限を明白にするため、就業規則で「勤務の設定・変更」や「配転・転勤・出向等」の人事権を念のため規定しておくことが必要です。

6　安全衛生管理権限――災害事故や過労死の防止

部下を指揮監督して業務を遂行する管理者は、ただ仕事を命令し遂行しさえすればよいというものではありません。所属部下がその業務を「安全」かつ「健康（衛生的）」に遂行するよう配慮しなければならず、その業務に起因して事故や疾病（職業性疾病等）を発生させることのないよう注意しなければならないという、いわゆる「安全配慮義務」を負っています。

この安全配慮義務とは、業務の遂行上危険の発生が予見される、場所、施設、器具、環境等や上司の指示命令に基づいて遂行する業務内容自体に内在する従業員の生命、身体および健康等の障害の危険から保護するよう配慮すべき義務（同旨昭50・2・25最高裁判決、陸上自衛隊事件）です。この義務を実行するためには部下に対し安全管理権限を有し、「安全第一」を目的に厳しく不安全行為をしないように監督し、指揮しなければなりません。それを怠ると職制自身が処罰されることもあります（安衛法一二二条）。

この義務は、安全管理のみにとどまらず健康管理についても同様で、たとえば「被告は、労働基準法、労働安全衛生法等の趣旨に基づき、常に局職員の健康、安全のため適切な措置を講じ、職業性および災害性の疾病の発生ないしその増悪を防止すべき義務を負っているだけでなく、職業性または災害性の疾病に罹患していることが判明した、またはこのことを予見し得べき職員に対しては疾病の病勢が増悪することのないように疾病の性質、程度に応じ速やかに就業の禁止または制限を行うことはもとより、場合によっては勤務または担当職務の変更を行う等適切な措置を講ずべき注意義務を負っているものというべきである」（昭58・8・24横浜地裁判決、神奈川郵便局事件）とされています。

なお、労災事故や職業病という職場特有の危険ではない一般の健康管理についても、会社の定める定期健診を労働者に受診させ、部下の健康管理にも配慮すべき義務があります。

最高裁も「使用者は、その雇用する労働者に従事させる業務を定めてこれを管理するに際し、業務の遂行に伴う疲労や心理的負荷等が過度に蓄積して労働者の心身を損なうことがないよう注意する義務を負うと解するのが相当であり、使用者に代わって労働者に対し業務上の指揮監督を行う権限を有する者は、使用者の右義務の内容に従って、その権限を行使すべきである」（平12・3・24最高裁判決、電通事件）とし、いわゆる「過労死」の防止につき上司等職制が部下の健康状態を把握し必要な具体的措置をとるべき義務を認めています。そこで、上司は部下の不安全行動や長時間残業などの健康侵害のおそれのある行動にも配慮が必要です。

7　信用保持権限

労働者は会社と労働契約を結びその従業員になると、雇用主である会社と従業員との間では信義則に従う義務が発生します（労契法三条四項）。この従業員の義務には、対内的な信頼関係の維持義務と対外的な企業の名誉、信用保持義務とがあります。この義務は労働契約が長期にわたる継続的関係を維持するというその契約の性質から発生します。

この義務の対内的なものの例としては、たとえば解雇理由の一つとして重要な経歴を詐称することは「人物としての信頼性」に欠けるものとして懲戒解雇が有効とされた例（昭60・10・7東京地裁判決、相銀住宅ローン事件）、あるいはある販売担当の係長が、「一年余にわたり当時担当していた電気関係機器売り場において販売したカラーテレビ、ステレオおよびこれらの修理用部品代金ならびに出張修理代金を入金せず、売り場の商品管理がずさんである等、横領、着服したとは断定できないまでもその職務遂行に著しく怠慢であり不誠実であって、これが発覚して行われた会社の事情聴取にも非協力的である等のため、従業員としては不適格であるとして解雇された」事件があります。このケースについて、裁判所は、「一年余にわたって再度ならずうちかさなった不信行為の反復は、雇用契約上の信頼関係をゆるがさずにはおかないものといえよう。右に加えて、前記認定のとおり、申請人が会社の調査に対して極めて非協力的な態度をとり、自己の疑いをはらすべき努力をしなかったという事情を考慮すると、会社が申請人に対してさらに不信の念を深めたのはむしろ当然といわなければならず、右両者の信頼関係はもはやその根底から失われたものとみるべきである」（昭47・9・4宮崎地裁判決、橘百貨店事件）

と判示しています。

また、仮伝票制度を悪用して見せかけの預金量の増加をはかった幹部職員について「各種の経営判断を誤らせるおそれが大きく、金融機関としての信用を失墜させる行為」で懲戒解雇有効（平9・12・9東京地裁判決、東京商銀信用組合事件）とされています。

現在のわが国の企業の場合には「営利を目的とする会社がその名誉、信用その他相当の社会的評価を維持することは、会社の存立ないし事業の運営にとって不可欠であるから、会社の社会的評価に重大な影響を与えるような行為については、それが職務遂行と直接関係のない私生活上で行われたものであってもこれに対して会社は規制を及ぼし得ることは当然認められなければならない」（昭49・3・15最高裁判決、日本鋼管事件）とされています。従業員は企業の社会的評価を害するような行為をしてはならない義務を負うのです。従業員が「あの会社の社員があんなことをして……」と言われるような、社会的に非難や批判をあびるような言動をして会社のイメージをダウンさせることは信用保持義務の違反となります。

そこで、管理者は、部下のこれらの対内的・対外的な信用の保持についても、職責上その権限と責務を有するのです。

8　誠実職務遂行権限

労働契約を結び従業員になると、企業の一員として企業に対し、善良な管理者の注意をもって、誠実かつ忠実に勤務すべきいわゆる誠実義務が発生します。企業の内外を問わず、広く使用者の利益を不当に侵害してはならないとともに、侵害のおそれのある行為も慎み、企業の発展のために尽力するという義務です。

もちろん、この誠実義務は従業員の職種、職務、地位等によって異なってきますが、一般的には企業の内外を問わず企業の利益を侵害する行動をとってはならず、誠実に職務に専念すべき義務として広く成立するのです。

自己の雇用されている企業を不当に非難攻撃してはならないという従業員の義務に関し、殊更に事実を誇張歪曲して企業を中傷誹謗するビラを作成し、配布したことにつき、「これによって従業員の企業に対する不信感を醸成し、ひいては企業秩序を乱すおそれがあるから、企業外における、かかるビラ配布行為に対して、会社が制裁を課することは合理的理由があるものというべきであり、これをもって従業員の言論その他表現の自由を不当に制限するものとはいい得ない。しかして、被控訴人のビラ配布行為は労働契約上の忠実義務に違反するとして、これを理由に被控訴人を問責することは何ら憲法第二一条に違反するものではない」（昭53・6・29大阪高裁判決、昭58・9・8最高裁判決、関西電力事件）とされているのもその例です。

また、所定労働時間中は、その労働力を使用者に委ね労務を提供し対価を得る時間ですから、労働者はその時間中は使用者の指揮命令に服し、その職務に専念する義務を負い、使用者の許可承認なく勝手に業務以外の時間に消費することは義務違反となります。

たとえば、セールス担当の外商員が、得意先訪問に先立って喫茶店に入店したことを理由とする懲戒解雇が、就業規則の懲戒事由たる「正当な事由なくしばしば所定の職場を離れたり勤務しなかったとき」にあたるとされたケースについて、「勤務時間中は職務に専念しなければならないし、外商員も右規則に従うべきものとされていること、もっとも喫茶店入店行為といえども休憩に値する時間中であれば格別、外商員がルート票に予定し命じられた最初の得意先への訪問活動に着手するに先立ち、原判決に判示のように、一再ならず同僚を誘ない、ないしは談《かた》り合わせて入店し長時間にわたることは、外商員としての業務の進行を円滑にするために必要不可欠であるとは認められない」（昭48・11・8東京高裁判決、大正製薬事件）とされていることからも明らかです。さらに最近では、勤務時間中の私用メールについても、「私用メールは送信者が文書を考え作成し送信することにより、送信者がその間職務専念義務に違反し、かつ、私用で会社の施設を使用するという企業秩序違反行為を行うことになることはもちろん、受信者に私用メールを読ませることにより、受信者の就労を阻害することにもなる」「これは、自分が職務専念義務に違反するだけでなく、受信者に返事の文書を考え作成し送信させることにより、送信者にその間職務専念義務に違反し、私用で会社の施設を使用させるという企業秩序違反行為を行わせるものである」とし、懲戒処分に該当する行為と判示されています（平14・2・26東京地裁判決、日経クイック情報事件）。

このように、従業員の職務に専念すべき義務の励行も職制としての管理者の職責なのです。

9　業務促進権限

従業員となった者は、自分の担当する業務に促進意欲をもって勤務する義務があり、上司等はそれにつき指導、指示して担当業務の促進を図る権限と責務を有しています。企業は、従業員の業務促進意欲をもった活動によって、はじめて生きた企業活動をなし得るのです。

たとえば、中途採用した社員について「いずれも経験者とすれば達成可能な数字であったのに、債権者（注＝労働者）の実績はこれを大きく下回るものであったうえ、上司の注意指導にもかかわらず債権者は営業成績を向上させようとする意欲がなかった」ので「勤務成績または能率が不良で就業に適しないと認められた場合」の普通解雇にあたるとしてなした本件解雇は正当とされ（平３・11・29大阪地裁決定、エイゼットローブ事件）、あるいは、営業社員でありながら「約一年一一カ月間まったく売上がなく、しかもその間、無断欠勤したり、出勤しても外出先の報告をせずに外出してそのまま帰宅してしまうことが多く、かつ、営業の基本となる記名カードもほとんど取得せず、原告が果たして営業活動をしているのかどうかも不明瞭な状態が続いていたうえ、原告は上司である支店長に反抗的な態度を取り続け、勤務態度改善の意欲も認められなかった」ことにつき解雇したことは相当（平９・５・15東京地裁判決、住友不動産ホーム事件）とされています。この業務促進義務は雇用契約上の当然の義務ではありますが、重要なもので、上司等管理職が常に注意しなければならないものです。

10　兼業禁止の注意

就業関係上の義務の一つとして、最近この義務を緩和する方向にありますが、会社に雇用されながら会社の業務以外の業務に従事することは原則として禁止され、従事する場合には使用者の承認を得なければならないといういわゆる「兼業禁止義務」が発生します。

その理由の第一は、時間外や休日に他で労働することにより精神的・肉体的疲労の回復を妨げることです。適度な休養は労務提供の基礎的条件をなしています。

判例上も「労働者の自由なる時、自由なる時間の利用を自由性に任せて他と継続雇用関係に入り……労働に服することになると、その疲労度は加速度的に累積し、従業員たる地位において要請される誠実な労務の提供は遂には殆どが不可能となるであろうし、安全衛生上の事故の発生、それに伴う使用者側の損害ならびに各種補償義務負担等の危険性が著しく増大することが予想される」（昭32・11・13大阪地裁判決、永大産業事件）点より、兼業禁止が懲戒処分の前提として定められています。わが国の企業は完全週休二日制の実施等により労働時間が短縮されていますが、これによる余暇時間の増加にもかかわらず、アルバイトや企業外組織に加入し、営利活動等にこれを利用して、自らのリフレッシュに充てないことは背信的な行為ともいえるでしょう。

第二は、企業の経営秩序と対外的信用、労使間の信義則上の理由です。

この点について判例上は「兼業の内容によっては企業の経営秩序を害し、または企業の対外的信用、体面が傷つけられる場合もあり得るので、従業員の兼業の許容について、労務提供上の支障や企業秩序への影響等を考慮した上で会社の承諾にかからしめる旨の規定を就業規則に定めることは不当といいがたい」（昭57・11・19東京地裁決定、小川建設事件）と判示されています。特にわが国の企業の場合には、従業員の無断兼職による対外的な企業秩序に与える影響も重要です。また、兼職先が競業関係か否かの問題も、企業の判断を必要とする理由となっています。このため、わが国の企業の多くは就業規則で兼業（職）禁止を規定していますが、それらの規定は自由時間利用の不当な制限ではなく合理性があり、他の仕事との兼業を使用者の許諾にかからせることは適法と解されていますので、管理者は部下社員の指導につき、留意しなければなりません。また、兼業の場合労働時間も通算されます（労基法三八条一項）。

11　企業秘密漏洩防止権限

雇用関係上の重要な従業員の義務として、企業秘密の漏洩禁止義務があります。最近の情報社会においては、この義務の重要性とともに、企業が多額の費用を投入して研究開発したコンピュータシステムやプログラムソフトに関する資料が、それに従事した技術者らによって無断でコピーされ外部に持ち出されたという事件も報じられています（これらは、刑法上の背任罪・横領罪・窃盗罪等にもなります）し、顧客情報の流出は大きな社会問題ともなっています。

業務上知り得た企業や顧客等の秘密を漏洩してはならないという守秘義務は特に重要で、「あの会社の社員は口がかたい」「守秘義務体制は万全である」ということは企業にとって重要な対外的信用と顧客に対する安心感を与え、業務に大きなプラスとなり、反対に、それが守れないと業績にとってマイナスとなることも多いでしょう。

判例上もこの業務上の守秘義務について、「労働者は労働契約にもとづく附随的義務として、信義則上、使用者の利益をことさらに害するような行為を避けるべき責務を負うが、その一つとして使用者の業務上の秘密を洩らさないとの義務を負うものと解せられる。信義則の支配、従ってこの義務は労働者すべてに共通である。もとより使用者の業務上の秘密といっても、その秘密にかかわり合う程度は労働者各人の職務内容により異なるが、管理職でないからといってこの義務を免れることはなく、又自己の担当する職務外の事項であっても、これを秘密と知りながら洩らすことも許されない」として、会社の重要な機密文書の三カ年基本計画案を入手し、それと知りつつ第三者に洩らした者の懲戒解雇は有効としています（昭55・2・18東京高裁判決、古河鉱業事件）。

また、退職後についても「原告会社と被告との間の雇用契約は、終了したものとみるべきであるが、右雇用契約存続中においては、被告は、原告に対し、労務を提供するにあたり、善良なる管理者の注意を用い、誠実にこれを行うべき雇用契約上の義務を負うことは当然のことであるから、原告会社の承認を得ないで原告会社以外の業務に従事したり、原告会社の不利益になる事項および業務上の機密を漏洩したり、職務を利用して私利を謀ったりなどしてはならない義務を、被告は原告に対し負っていたものというべきである」と判示し、元従業員の機密漏洩行為を不法行為としています（昭61・9・29名古屋地裁判決、美濃窯業事件）。

業務上の秘密は、一般に①経理、財務上の秘密、②人事、労務上の秘密、③製造上の秘密、④営業販売上の秘密、⑤対外政策（マーケティング、ＰＲ等）の秘密、⑥研究、開発、企画上の秘密等、多くの分野にわたり、一般に企業が企業の内外を問わず秘密にしておく必要があると判断するものであり、それが客観的に相当であると承認されたものをいいます。この義務の遵守は前述のとおり企業にとって重大なものですから、管理者はこの点について部下管理上、常に配慮すべきことといえます。最近ではいわゆる「インサイダー取引」の禁止等の問題もあり、知り得た情報の漏洩防止対策はさらに重大な職務行為となってきています。

12　営業秘密保護法規と秘密管理権限

従業員はその職務上知り得た秘密について守秘義務を負っていますが、さらにこれを国の法律として義務づける「営業秘密保護法規」と称される法制度が不正競争防止法の改正法として成立し、平成三年六月一五日から施行されています。これは、かねて米国および西欧諸国から要求されていた、いわゆるトレード・シークレットやノウハウ等の営業上の秘密を保護するためのもので、第三者に対する営業秘密の開示禁止や使用差し止め請求等を含む重要な立法です。

この不正競争防止法の対象となる「営業秘密」とは、「秘密として管理されている生産方法、販売方法その他の事業活動に有用な技術上または営業上の情報であって公然と知られていないもの」（二条六項）をいいます。

すなわち、営業秘密と認められる要件は、①秘密として管理されていること（秘密管理）、②生産方法、販売方法、開発計画、財務管理等の事業活動に有用な技術または営業上の情報であること（有用性）、③公然と知られていないこと（非公知性）の三つの要件を充足することです。

したがって、外部からこれは秘密事項であると認識可能な程度に秘密として管理されており、生産・販売・融資・資金活用・研究開発、経営効率の改善その他事業活動に役立つ価値をもつ情報です。人事スキャンダルや脱税、公害等、反社会的なものはこれに含まれず、また一般に入手できない状態にあるものでなければならないという要件があります。

次に、この法律により禁止や差し止め、損害賠償といった対象となる従業員の行為は、これが外部に洩らされたら営業上の利益を害

COFFEE BREAK

不法領得の意思

無断で他人の自転車を一時使用して元に戻しておいたような場合には窃盗罪にはなりませんが，会社の重要な機密書類を社外に持ち出してそのコピーを作成し，その後に原本を元の保管場所に戻しておいた場合も同じように窃盗罪にならないのかという問題があります。

刑法上の窃盗罪の成立要件として「不法領得の意思」というものが必要とされています。これは，その物の所有者等の権利者を排除して他人の物を自己の所有物として，その経済的用法に従ってこれを利用もしくは処分する意思と解されています。前者の自転車の使用は権利者の意思を排除するまでの領得の意思はなく，後者の場合は機密書類の記載内容自体に経済的価値があるので，これをコピーのために持ち出すことは権利者を排除するもので窃盗罪となります。判例上も，購読会員名簿を転職後の会社に譲り渡す意図で持ち出しコピーして利用したことに不法領得の意思を認め，窃盗罪としています。

されるおそれがあると認められるものであり、それが不正に取得され使用・開示される場合です。同法（二条四号〜九号）では、次の六つの場合を不正取得行為として列挙しています。

①不正取得行為……窃取、詐欺、強迫その他の不正な手段により営業秘密を取得する行為またはこれらにより取得した秘密を使用・開示する行為（秘密を保持しつつ特定の者に示すことを含みます）

②不正取得者からの転得行為……不正取得が介在したことを知り、もしくは重大な過失により知らないで取得する行為、またはその取得した営業秘密を使用・開示する行為

③不正取得の事後的悪意者の行為……営業秘密を正当に取得した後であっても、その秘密につき不正取得が介在したことを知り、または重大な過失により知らないでその取得した当該秘密の使用・開示行為

④信義則違反行為……保有者より示された営業秘密（従業員等で職務上当然に取得する者が有するものを含みます）を不正の利益を図り、または保有者に損害を加える目的で使用・開示する行為

⑤不正開示者からの転得行為……④の守秘義務違反者からの不正開示であること、または不正開示行為が介在することを知り、もしくは知らないことにつき、重大な過失のある営業

秘密の取得・使用・開示行為

⑥不正開示の事後的悪意者の行為……営業秘密の取得後に不正開示であること、不正開示が介在したことを知り、または知らなかったことに重大な過失のある営業秘密の使用・開示行為

この法律により、たとえ書類や図面等のように形になっていない従業員の頭の中に入っている営業秘密であっても、前記の要件に該当するものであれば本法の対象となり、たとえば転職した労働者が元の企業から持ち出した営業秘密を、自己の就職目的や報酬を得るためなどの目的で不正に競業企業に開示することは禁止されています。

また、情報のデジタル化、社会のネットワーク化や人材の流動化に伴い、企業の営業秘密が国内や海外の競合他社に流出し、企業の競争力が損なわれているという現状認識の下に、平成一六年一月一日施行の不正競争防止法の改正により、刑事罰が導入され（二一条）、不正の競争目的で開示した者やこれに関連する違法行為をした者等は刑事罰も受けるようになりましたので、これに対してはより高度な注意が必要です。

職制は、部下に対するこのような企業の営業秘密の保持を図る権限と義務があります。

13　就業規則違反行為の調査権限

従業員が就業規則違反行為を犯したおそれや疑いのあるときには、所属長その他の管理者に、企業秩序の保持権限から、その事実を調査し本人から事情調査するなどの調査権限があることはいうまでもありません。この点について最高裁も、「企業秩序に違反する行為があった場合には、その違反行為の内容、態様、程度等を明らかにして、乱された企業秩序の回復に必要な業務上の指示、命令を発し、または違反者に対し制裁として懲戒処分を行うため、事実関係の調査をすることができることは、当然のことといわなければならない」（昭52・12・13最高裁判決、富士重工業事件）と判示しています。

問題は所属長等はどこまでこの調査権限を行使でき、従業員はどこまでこれに応ずる義務があるかということです。特に同僚労働者に対する調査について問題となります。

この点につき前記最高裁判決は、「企業が右のように企業秩序違反事件について調査をすることができるということから直ちに、労働者が、これに対応して、いつ、いかなる場合にも、当然に、企業の行う右調査に協力すべき義務を負っているものと解することができない。ただし、労働者は労働契約を締結して企業に雇用されることによって、企業に対し、労務提供義務を負うとともに、これに付随して、企業秩序遵守義務その他の義務を負うが、企業の一般的な支配に服するものということはできないからである。そして、右の観点に立って考えれば、当該労働者が他の労働者に対する指導、監督ないし企業秩序の維持などを職責とする者であって、右調査に協力することがその職務の内容となっている場合には、右調査に協力することは労働契約上の基本的義務である労務提供義務の履行そのものであるから、右調査に協力すべき義務を負うものといわなければならないが、右以外の場合には、調査対象である違反行為の性質、内容、当該労働者の右違反行為見聞の機会と職務執行との関連性、より適切な調査方法の有無等諸般の事情から総合的に判断して、右調査に協力することが労務提供義務を履行する上で必要かつ合理的であると認められない限り、右調査協力義務を負うことはないものと解するのが、相当である」と述べています。

このような企業の調査への協力義務も管理職や職制の地位にある者は、企業との忠実義務等信義則上の関係が高度であるために広くなります。

そこで、セクシュアルハラスメント等に関連する企業の危機管理上の事項に関しては同僚等の私生活上の行為に関しても、職務に関連する重大な事項となりますので、「私は同僚の悪いことは言いたくない」といって調査への協力を拒否することは、できないでしょう。横領・背信問題等への調査協力の拒否行為は、同僚等の不正行為の隠匿に消極的にせよ加担することにもなりかねず、雇用上の義務違反となります。

ところで、これは違反行為をした本人ではなく同僚その他第三者的な従業員に対する調査の問題であって、本人に対する調査の場合にはまた別です。本人に対し会社として自白を強制する権限はもちろんありませんが、職務上の不正について疑いがある場合には、従業員は職務上の行為については会社に対し報告する義務があり、また雇用契約上の信義則の上からも、職務上不正の疑いやセクシュアルハラスメントの問題があるとして調査を求められた場合には、積極的にこれに協力して、自らその潔白を明らかにする努力をすることが必要です。このように自己の職務上の行為について不正のないことを明らかにする努力をすることにより、会社との信頼関係を維持することができるのです。

いわゆる「黙秘権」は、憲法上（三八条一項）は刑事事件に関して規定されています。この「何人も自己に不利益な供述は強制されない」という原則は、民事事件においても通用しますが、従業員として職務に従事する場合には、自己の職務上の行為については使用者に対しその取り扱ったことおよびそれに関連する行為については報告義務があり、たとえ自己に不利益となるものであってもその報告をしなければなりません。上司は、業務命令で部下に対し職務行為に関しては報告を求めることができます。

14 管理者の注意監督権限――不行使は職務怠慢

職制の地位にある管理監督者には、部下が義務を的確に実行するよう指導監督し管理する権限と責務があり、従業員は、前述のように各種の義務を負い、命令や拘束を受けます。

職制の地位にある者が、この監督指導権限の適切な行使を怠った場合には、それ自体が職務怠慢となりその責任が発生します。

たとえば、部下の経理関係書類をチェックせず、日計表と現預金残高を照合すればたやすく横領行為を発見できたのにこれをせず、監督責任を怠って多額の損害を発生させた営業所長の懲戒解雇が有効とされる（平10・3・23大阪地裁判決、関西フェルトファブリック事件）など職務怠慢の責任は重大とされています。

一方、部下の違反等を知りながら放置していた場合には黙認したことになり、たとえば、部下の同業他社での兼職に気づいていながら中止せず黙認しておいて、それを解雇事由とすることは許されない（平元・6・28大阪地裁決定、定森紙業事件）とされています。

従業員の解雇（普通解雇）が有効とされたケースは、上司の再三の注意がなされているという例が多いのです。すなわち、「解雇は、労働者にとって生活の基盤を覆滅させるものであるから、勤務成績や能率が不良として解雇する場合には、使用者においてその是正のための努力をし、それにもかかわらず、なおその職場から排除しなければ適正な経営秩序が保たれない場合に初めて解雇が許される」のであるが、本件は会社が再三の注意をし「専務の直属下において努力する機会を与えるなどの配慮をしているにもかかわらず、自己の事務処理の誤りにつきこれを率直に反省し改善しようとする態度がうかがわれないこと等」につき、就業規則の「勤務成績または能率が不良で就業に適しないと認められた場合」等を適用し解雇したことはやむを得ないとされています（昭58・12・14東京地裁判決、リオ・ティント・ジンク社事件）。

一方、会社の許可なく、就業時間内外に副業である翻訳の仕事を行い、被告の通常業務に支障を来たしたことは、就業規則に抵触し、解雇事由となるとの主張に対し、「原告は出版された翻訳小説を役員等に配っていたけれども、特に注意や処分を受けたことはなく、かえって社長からは、よく頑張ったと言われていたと認められるように、原告が副業で翻訳業をしていたことは被告社内で周知の事実であったにもかかわらず、これに注意や処分は何もされていなか

図表4-1　個人情報保護法の体系

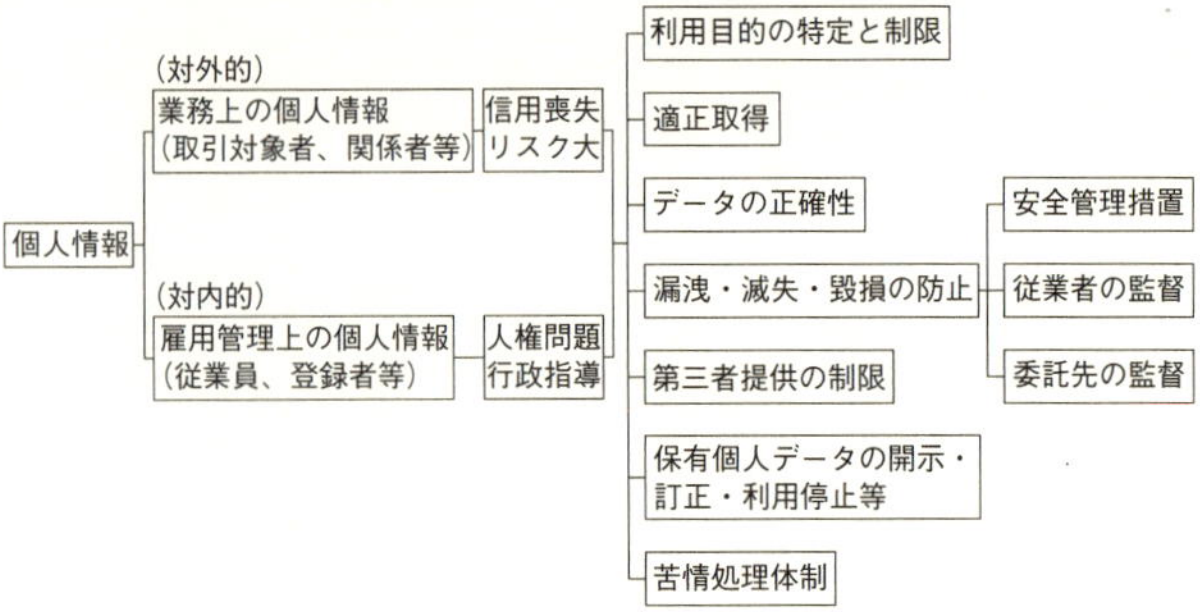

ったというのであるから、原告が副業をしていることについては、被告社内で少なくとも黙示的に許可されていたというべきである」として解雇事由とならない（平19・9・18東京地裁判決、北沢産業事件）とされています。

このような判例をみてもいかに所属長や上司等の従業員への監督指導の徹底や「再三の注意」が重要な評価を受けているかが分かるでしょう。

15 個人情報の保護と公益通報への留意

部下管理の地位にある者は、平成一七年四月一日から施行された個人情報保護法（図表4-1）および平成一八年四月一日から施行された公益通報者保護法（図表4-2）に留意しなければなりません。前者は個人情報の漏洩禁止、後者は個人情報を含む事案の通報という逆の取り扱いです。

図表４－２　公益通報者保護法の体系

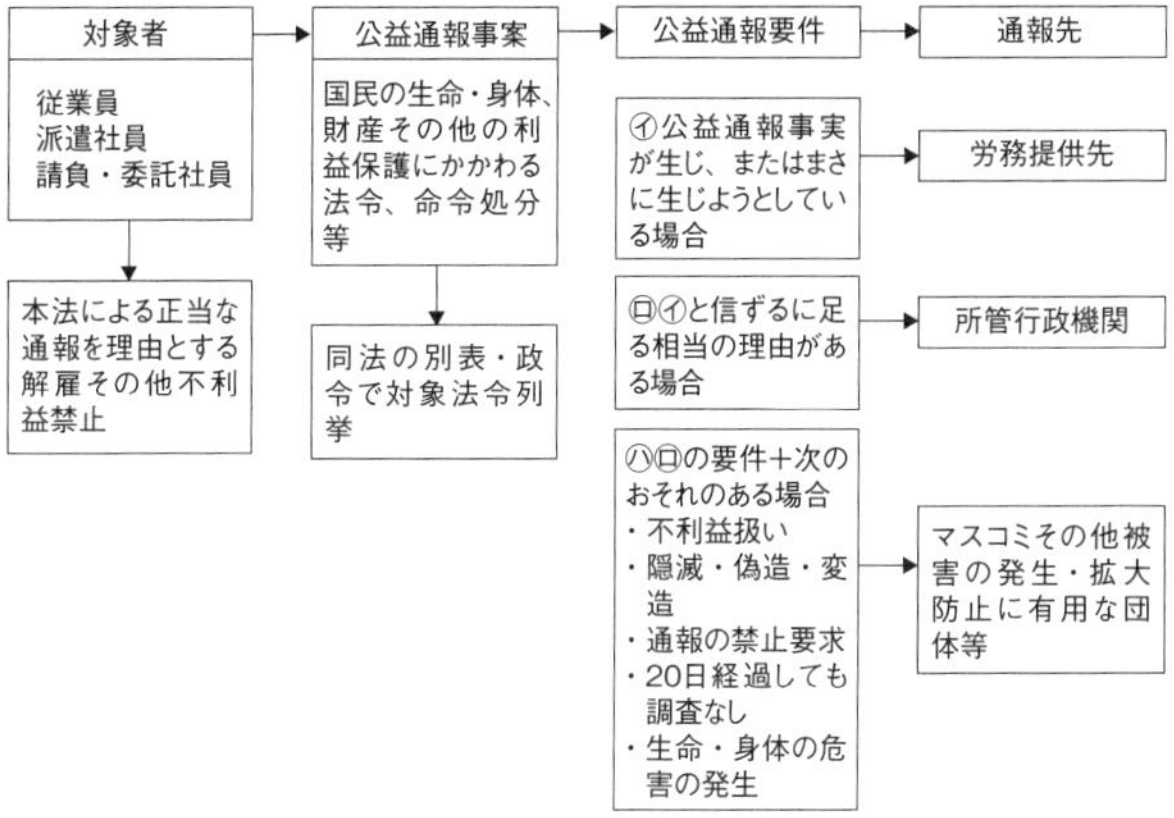

企業のコンプライアンスの上で、公益通報者保護法は一定の役割を果たしていますが、同法は所定の公益通報事実が生じ、またはまさに生じようとしていることなどを知った労働者が企業や行政機関、マスコミなど第三者機関に「公益通報をしたことを理由として、当該公益通報者に対して、解雇、降格、減給その他不利益な取り扱いをしてはならない」という通報者への不利益取り扱いの禁止を定めるのみです。

しかし、企業にとって重大な不利益、損害発生リスクのある事実がまさに生じようとしているのを知った労働者の、企業への積極的通報により企業の重大なリスクを回避すべき積極的通報も信義則上生ずる場合もあります（平成一〇年九月一一日福岡地裁小倉支部判決、さえき事件）。

第5章　権限行使上の義務と配慮

●職制は、自分のもつ権限について的確な行使義務を負っています。部下の就業規則違反行為や不安全行為等を知りながら、権限を行使せず放置しておくことは、黙示の承認という責任を問われます。

●業務命令をするにあたっては安全配慮義務や健康保持（特に過労や心の健康）への配慮義務等を負い、単に命令するだけではその義務は果たせません。

●職制には、職場環境の適正良好保持義務があり、人間関係上の配慮、プライバシーの保護が必要であり、均等法の改正によってセクシュアルハラスメントへの配慮や対策また均等法の趣旨の理解、パワーハラスメント対応が要求されます。

●職制には、時間外労働命令権限がありますが、部下の健康や長時間労働によるメンタルヘルスへの配慮も必要で、年休付与においての配慮との調整も要求されます。

1　職制の権限行使と義務

部下をもつ職制である管理者や監督者が、部下等に対し各種の権限を行使するにあたっては、単に業務命令をすればよいというものではありません。管理者や上司として部下の健康状況や能力あるいは職務内容といったものについて配慮し、危険、有害等を避け、安全を保持し、業務の効率的運営と企業秩序の維持を図りつつ、円滑な業務の遂行に努めなければなりません。

また、就業規則や労働協約を守って適法、適切な命令を出し、職場を適正に管理していく責任と義務があるのです。

したがって、与えられている権限を行使しないことは職制の義務違反となりますし、部下が就業規則に違反した行為をしていたり、職場秩序を乱す行為をしていたり、不安全行為をしているのを知りながら、これらの行為を放置しておくことは許されません。

たとえば、職場の不安全行為についても、安全帽を着用しなければならない作業について、安全帽を着用しないで作業している部下をそのまま放置しておいた結果、災害事故が発生した場合には、それを放置し容認した監督者も悪いということになってしまうのです。

判例上も、「作業員らが危険を予知しながら自発的に希望してとった作業方法であっても、作業員の真意は、自己の安全を放棄しあえて危険を甘受するというものではなく、従来の慣行上そのような工法をとれば省力化が図られるという表面的な利益の享受の目的によったものと理解されるので、それをもって監督者としての注意義務が軽減されたり免除されたりはしない」（昭48・２・19東京地裁判決、日本電工事件）とされています。

このように、職制が権限の適正な行使を怠った場合の結果責任ということも十分考えなければなりません。一般的に、わが国の企業の管理者、監督者といった部下をもつ職制に与えられている権限をまとめると、次のようになると考えられます。

①職制がその監督下の所属従業員に対して行う業務命令権限・労務指揮権限
②職制が自己の権限と義務をもって遂行する担当業務の円滑な遂行のための指揮命令権限
③職制が経営権の分担行使者として行う企業秩序維持上の各種の指示命令権限
④職制が上司として行う部下に対する業務や行為に関する教育指導権限
⑤業務や操業継続に支障を生じさせる者に対する妨害排除権限
⑥自己の管理にかかる設備、施設、機器等に対する施設管理権限
⑦従業員に対する使用者（労基法一〇条）としての命令、許可、承認および禁止等の権限

⑧業務遂行にあたって労働者の生命、身体、健康の保護を図る安全配慮義務に基づく安全衛生管理権限
⑨就業規則や指示命令に反したり、反抗したりする者についての注意、訓戒措置権限および懲戒処分のための調査ならびにその上申権限
⑩各種の協力義務についての率先垂範と指導権限

2　職場管理や業務命令と安全配慮義務

製造、生産や現場等の第一線の管理監督者の中には「自分たちの任務は、部下を指揮して仕事をさせることで、安全管理は安全課や安全管理者等のやることである」と言い、部下の安全管理や衛生管理に無関心で他人事のように思っている人もいます。

しかし、本来の労務管理責任や安全管理責任は、人事部門や安全課、安全管理者といったスタッフ部門にあるのではなく、部下をもって業務を遂行するラインの管理監督者にあるのです。すなわち部下に業務命令を発し指揮監督し、指導統率して業務を遂行するラインの管理監督者が、業務命令をして部下を使用するにあたって、労働関係諸法令はもとより、労働協約、就業

規則、労働契約を守り、安全衛生に配慮して安全かつ完全な業務が遂行できるよう使用（指揮命令）する責任と義務があるのです。

この点については判例上も、「雇用契約は、労働者の労務提供と使用者の報酬支払を基本内容とする双務有償契約であるが、通常の場合、労働者は、使用者の指定した場所に配置され、使用者の供給する施設、器具等を用いて労務の提供を行うものであるから、使用者は右の報酬支払義務にとどまらず、労働者が労務提供のため設置する場所、設備もしくは器具等を使用しまたは使用者の指示のもとに労務を提供する過程において、労働者の生命および身体等を危険から保護するよう配慮すべき義務を負っている」（昭59・4・10最高裁判決、川義事件）とされています。

そして、これらの使用者の安全配慮義務を実際に職場や現場において実行するのが、部下をもつ管理監督者等の職制の役割なのです。

そこで労働安全衛生法（以下、安衛法といいます）は、これらの者を「行為者」と呼び、これらの部下従業員や配下作業員の指揮監督権限を与えられている第一線の監督責任者が会社等事業者の立場で安衛法上の、危険防止措置を実施すべき実行行為者とされており、これらの者が安全管理上の措置を怠るならば、「行為者を罰する」という安衛法一二二条の規定により、指揮監督者本人自身が安衛法違反の刑事責任を問われるのです。雇用主である会社等の法人は人間ではありませんから、直接の違反行為者とはならず、これらの者の違反について安衛法上の両罰規定により罰金刑を科せられることになっているのが同法の構成なのです。

判例でも、現場責任者は「被告会社の使用人であるが、昭和五〇年一〇月一日以降本件工事の作業責任者となって、現場詰所において工事の進行状況を確かめながら工事計画をたて、作業員らをしてその工事の遂行を指示監督し、併せて国鉄当局との連絡、作業に伴う安全上の配慮（たとえば、列車の監視員の配置、高圧活線近接作業の防護）にも当たっていたものである」が、これを怠り労働者を死亡させたとして、現場責任者が安衛法違反とともに刑法上の業務上過失致死罪に問われているのです（昭51・12・13福岡高裁判決、大栄電業事件）。

このように、実際の職場においては部下の管理監督にあたる責任者の安全衛生管理に対する責務は重くみられているのです。

3　職場での部下の心の健康保持への配慮義務

職場管理や業務命令にあたっては、部下の心身の健康管理の面についても配慮義務があります。当該職場に人体や健康に対する危険・有害要因がある職場では、物的・環境的な管理を整えて労働者に職業性疾病を発生させないようにする安全配慮義務があることはいうまでもありません。

このためには、職業病の予防義務は事前防止義務のみでなく、万一罹患発病した場合においても、その発病後の増悪防止のための措置義務を含むものとされています。

また、職業病の発生の危険性の高い有害業務については、時間外労働協定（いわゆる三六《さんろく》協定、一七六頁参照）による場合であっても、一日実働八時間を超えて二時間をオーバーする時間外労働が禁止されている点（労基法三六条但書）に留意しなければなりません。

さらに、最近は安衛法七〇条の二の規定に基づく「労働者の心の健康の保持増進のための指針」（平一八年公示三号）に基づく管理監督者による労働者のメンタルヘルスケアも求められるようになっています。このことは、いわゆる過労死、過労自殺の防止のため、「労働者が労働日に長時間にわたり業務に従事する状況が継続するなどして、疲労や心理的負荷等が過度に蓄積すると、労働者の心身の健康を損なう危険のあることは、周知のところである。労働基準法は、労働時間に関する制限を定め、労働安全衛生法六五条の三は、作業の内容等を特に限定することなく、同法所定の事業者は労働者の健康に配慮して労働者の従事する作業を適切に管理するように努めるべき旨を定めているが、それは、右のような危険が発生するのを防止することをも目的とするものと解される。これらのことからすれば、使用者は、その雇用する労働者に従事させる業務を定めてこれを管理するに際し、業務の遂行に伴う疲労や心理的負荷等が過度に蓄積して労働者の心身の健康を損なうことがないよう注意する義務を負うと解するのが相当であり、使用者に代わって労働者に対し業務上の指揮監督を行う権限を有する者は、使用者の右注意義務の内容に従って、その権限を行使すべきである」(平12・3・24最高裁二小判決、電通事件)とし、上司である部長らは、本人が「恒

COFFEE BREAK

身元保証人の責任

ソロモンの箴言の中には「他国人の保証人となるものは苦しみを受け，保証をきらう者は安全だ」といったような保証人としての安請け合いと責任の厳しさを警告している箇所が多くあります。

本当にソロモン王（在位紀元前972-933年）の作であるかどうかは別として，古くから保証人の責任は重いとされていますが，気安く引き受けることも洋の東西を問わず変わらないようです。身元保証人も親族や知り合いといった人間関係から引き受けることも多いため，保証期間は5年を超えてはならず，また異議がなければ更新するといった自動更新を無効としています。保証責任も身元保証人になった事情や本人の職務，異動，使用者の注意，指導といった一切の事情を斟酌して保証人の損害賠償額が決められるという特徴が定められています。

常的に著しく長時間にわたり業務に従事していること及びその健康状態が悪化していることを認識しながら、その負担を軽減させるための措置を採らなかったことにつき過失がある」とされています。さらに使用者の安全配慮義務として、「本件自殺前には、本人の時間外労働・休日労働時間が過重なものといえるほど長時間に及んでいることに加え、本人の業務内容、本人がリーダーへ昇格したことなどの事態が生じていたのであるから、適宜塗装班の現場の状況や時間外労働・休日労働など本人の勤務時間のチェックをし、さらには、本人の健康状態に留意するなどして、作業の遅れ・不具合などにより過剰な時間外勤務や休日出勤をすることを余儀なくされ心身に変調を来たすことがないように注意すべき義務があったといえる。ところが、被告は、上記配慮を一切せず、本人がうつ病に罹患したことも把握できず、本人の実際の業務の負担量や職場環境などに何らの配慮もすることなく、漫然と放置していたのであり、その結果、本件自殺が引き起こされてしまったのである。したがって、被告に安全配慮義務違反があったことは明らかであり、被告は、故人に対して債務不履行責任を負う」（平19・1・22熊本地裁判決、山田製作所事件）とされています。

また、安衛法でも、健康診断の結果のみならず、長時間労働やストレスチェックの結果によっても事業者は、医師の意見を勘案して、労働者の健康を保持するため有所見者については、

図表5－1　労働者の健康確保のための労働安衛法上の措置

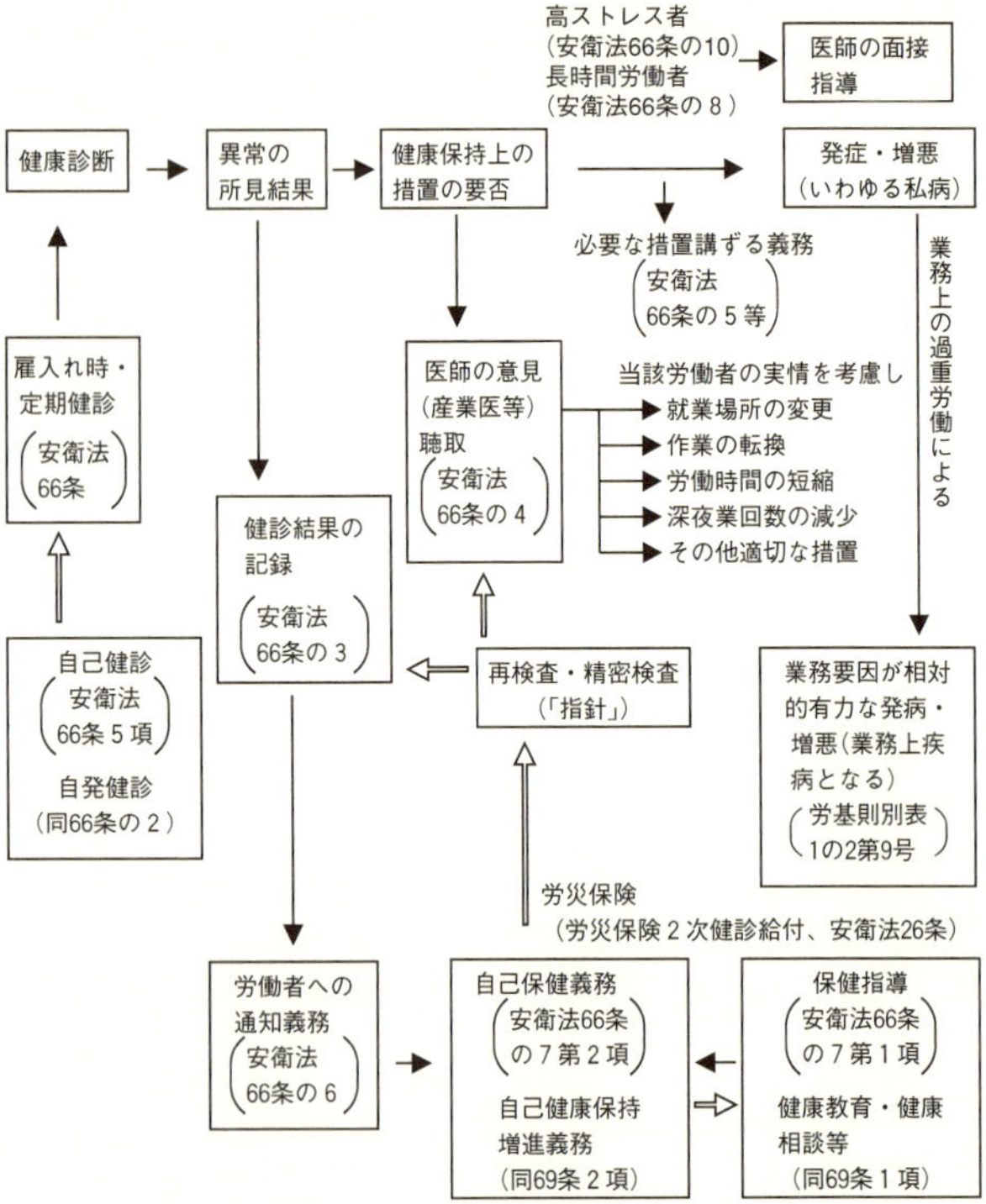

「当該労働者の実情を考慮して、就業場所の変更、作業の転換、労働時間の短縮、深夜業の回数の減少等（中略）の適切な措置を講じなければならない」（六六条の五、六六条の八、六六条の一〇）と定められ、労働者に対する健康管理上の適切な措置が要求されてきています。この措置については、図表5－1を参照して下さい。

上司として、高血圧者につき節酒を勧告するなど、生活指導上の配慮をすべき義務があったのに、それを怠ったとして訴えられる（昭58・10・21神戸地裁判決、川西港運事件。この事件は高裁で予見がなかったとして使用者の責任が否定されました）こともある時代ですから、部下の健康管理には十分に関心を払う必要があります。

4　職場管理と社員のプライバシー保護

職制の職場管理や業務命令にあたって注意すべき事項として、社員のプライバシーの保護義務や個人情報の保護義務があります。最近もある会社で、社員の生命保険加入にあたって会社の行った健康診断の結果を、本人の承諾を得ず生保会社の担当者に開示し流用したところ、問題が起こりました。

また、ＨＩＶ感染者の解雇をめぐる東京地裁判決で、「使用者は被用者に対し、雇用契約上の付随義務として被用者の職場における健康に配慮すべき義務を負っているから、使用者が疾病に罹患した被用者にこの疾病を告知することは、特段の事情のない限り、許されるし、場合によってはすべき義務があるが、（中略）しかし、使用者といえども被用者のプライバシーに属する事柄についてはこれを侵すことは許されず、同様に、被用者のプライバシーに属する情報を得た場合にあっても、これを保持する義務を負い、これをみだりに第三者に漏洩することはプライバシーの権利の侵害として違法となるというべきである。このことは、使用者・被用者の関係にない第三者の場合であっても同様であると解される」と判示し、使用者が第三者等に労働者のＨＩＶの感染を告知したことについて配慮が足りなかったとして、不法行為とされています（平7・3・30東京地裁判決、ＨＩＶ感染者解雇事件）。

また、カードローン会社等から本人の在籍確認の電話があった場合、事前に本人の同意なく回答したりして問題となることもあります。

新卒者の採用時の身上関係の調査については、企

用　語　解　説

プライバシーの権利

私事が他人の表現行為によって公開されたり，私事が本人の承諾もなく見聞されたり，私事を営利的に利用されたりするなど，私生活や私事が他人によって干渉や公表されたりすることのない権利をいいます。この権利が次第に人格権の一つとして法的保護を受けるようになりました。これは，社会の複雑化に伴い，他人から干渉や詮索を受けずに平静に私生活をおくるという個人の私生活や私事の尊重が重要な利益となってきたことにより，従来の名誉毀損等ではカバーできない前述のような私事への侵害を不法行為として禁止し，その侵害によって生ずる精神的苦痛を救済するために生まれた権利です。

業は人権侵害にならないように注意し、入社後の社員の身上、家族、交友、素行、経歴、健康（疾病）、資格、財産（ローン）等の把握や管理については、就業規則や社内規程で個人情報の取り扱いについてはきちんとしたルールを定めて対応する必要があります。特に派遣社員の個人情報は、アンタッチャブルです。

なお、安衛法一〇四条において「健康診断の実施の事務に従事した者は、その実施に関して知り得た労働者の心身の欠陥その他の秘密を漏らしてはならない」と規定され、これに違反した者には「六カ月以下の懲役または五〇万円以下の罰金」に処するという罰則を定めています。

しかし、一方で、健康情報を上司が知らないと適切な健康管理ができません。判例でも、課長に昇進した部下から、「課長職は重荷だ、辞めたい」等の申し出があったのですが、部長が善意から強く説得し、叱責口調で激励したことが仇となって自殺したケースについて、「被告会社に代わって部下である被告会社の従業員について業務上の事由による心理的負荷のため精神面での健康が損なわれていないかどうかを把握し、適切な措置をとるべき注意義務に従って、本人の心身の状況について医学的見地に立った正確な知識や情報を収集し、本人の休養の要否について慎重な対応をすることが要請されていたものというべきであるから、部長にはそのような注意義務に違反した過失がある」と判示（平14・7・23東京高裁判決、三洋電機サービス事件）し、会社にも責任が認められており（なお、本人側の責任を八割相殺）、本人の心身の状況についての正確な情報収集が義務づけられています。

5　いわゆるセクハラへの防止義務

(1)　職場のセクシュアルハラスメントとは

均等法では、いわゆる「職場におけるセクシュアルハラスメント」の防止対策として「職場における性的な言動に起因する問題に関する雇用管理上の措置」につき、「事業主は、職場において行われる性的な言動に対するその雇用する労働者の対応により当該労働者がその労働条件につき不利益を受け、又は当該性的な言動により当該労働者の就業環境が害されることのないよう当該労働者からの相談に応じ、適切に対応するために必要な体制の整備その他の雇用管理上必要な措置を講じなければならない」（一一条）と定められ、「厚生労働大臣は、前項の規定に基づき事業主が講ずべき措置に関してその適切かつ有効な実施を図るために必要な指針を定めるものとする」（同条二項）として具体的指針が制定されました。

この規定に基づく「事業主が職場における性的な言動に起因する問題に関して雇用管理上講

ずべき措置についての指針」（平18・10・11告示六一五号）は次のように述べています。
まず、対象となる事項としては、セクシュアルハラスメント一般ではなく、「職場における
セクシュアルハラスメント」です。この「職場」とは、事業主が雇用する労働者が業務を遂行
する場所を指し、当該労働者が通常就業している場所以外の場所であっても、当該労働者が業
務を遂行する場所については「職場」に含まれます。たとえば取引先の事務所、取引先と打ち
合わせをするための飲食店、顧客の自宅等であっても、当該労働者が業務を遂行する場所であ
ればこれに該当します。

次に「性的な言動」とは、性的な内容の発言および性的な行動を指し、この「性的な内容の
発言」には、性的な事実関係を尋ねること、性的な内容の情報を意図的に流布すること等、性
的な行動には、性的な関係を強要したり、身体に触ること、わいせつな図画を配布すること等
がそれぞれ含まれます。このため、「例えば女性労働者のみに『お茶くみ』等を行わせること
自体は性的な言動には該当しないが、固定的な性別役割分担意識に係る問題、あるいは配置に
係る女性差別の問題としてとらえることが適当であること」（平成18・10・11雇児発一〇一一〇〇二
号）とされています。

なお、近年男性労働者に対するセクハラもみられるところから対象が、男女労働者にされま

した。例えば、女性管理者のパトロール中における男性用の浴室脱衣における言動がセクハラ行為とされています（平16・9・3大阪地裁判決、日本郵政公社事件）。

職場における「セクシュアルハラスメント」には二種類あり、第一は「対価型セクシュアルハラスメント」、第二は「環境型セクシュアルハラスメント」です。

「対価型セクシュアルハラスメント」とは、職場において行われる労働者の意に反する性的な言動に対する労働者の対応により、当該労働者が解雇、降格、減給等の不利益を受けることです。「意に反する」対応ですから労働者の同意のある場合は該当しません。

「環境型セクシュアルハラスメント」とは、職場において行われる労働者の意に反する性的な言動により、労働者の就業環境が不快なものとなったため、能力の発揮に重大な悪影響を生じるなど、当該労働者が就業する上で看過できない程度の支障が生じることです。

この場合の「労働者の意に反する」か否かの判断については、「労働者の主観を重視しつつも、事業主の防止のための措置義務の対象となることを考えると一定の客観性が必要である。具体的には、セクシュアルハラスメントが、男女の認識の違いにより生じている面があることを考慮すると被害を受けた労働者が女性である場合には『平均的な女性労働者の感じ方』を基準とすることが適当であること。ただし、労働者が明確に意に反することを示しているにもかかわらず、さらに行われる性的言動は職場におけるセクシュアルハラスメントと解され得るものであること」（同前通達）とされています。

(2) なぜセクハラ対策は使用者の義務か

職場のセクシュアルハラスメントやパワーハラスメントの防止は、なぜ使用者の義務かというと、それは「適正良好な職場環境に配慮し、これを保持する義務」が使用者にあるためです。

従来、職場環境といえば、職場の物理的な環境のことを意味し、「職場環境を適正良好に保持し規律ある業務の運営態勢を確保し得るよう当該物的施設を管理利用する使用者の権限」（昭54・10・30最高裁判決、国鉄札幌駅事件等）ないし義務と考えられてきました。

ところが、いわゆるセクシュアルハラスメントをめぐって、職場における性的な言動が個人の職務遂行の上で不快な就労環境を作り出し、それが企業社会の通念からみて著しく就労環境に悪影響をもたらし、退職せざるを得ない状況に追い込むほどの就労の権利を妨害するような程度に至った場合には、「職場環境を適正良好に保持」すべき使用者の義務（労働者にとって適正良好な職場環境で働く利益）の違反として、労働契約上の信義則に基づく付随義務の違反または不法行為としての注意義務違反となり、使用者に損害賠償義務が生ずると解されるようになってきたのです（平4・4・16福岡地裁判決、平6・5・26金沢地裁輪島支部判決等）。

これは、従来の有害、危険物質であるガス、粉塵等といった物理的な環境悪化と異なり、職場の人間関係上という人的な原因による職場環境の悪化に対するものです。会社としてはこのような人間関係上の労働環境の悪化についてもガス、粉塵等といった物理的な労働環境と同じようにその悪化を防止し、従業員にとって働きやすい適正良好な職場環境の保持をなすべき義務を負うものと考えられるようになってきているのです。

なお、職場のセクシュアルハラスメントについては、職場にあってはならない業務命令違反行為であり民法七一五条の使用者責任が発生する「事業の執行」には該当しないとの考えもあります。しかし、判例上はセクハラ行為を「事業の執行行為を契機として、これと密接な関連を有する行為」（平9・11・30東京高裁判決、横浜セクシュアルハラスメント事件）とか、「職務の執行中ないしその延長線上」における行為（平20・9・10東京高裁判決、T菓子店事件）などと評価して、事業執行性を認めています。

したがって、セクハラ行為が、強姦や強制わいせつなど、およそ事業とは無関係の行為である場合や、職場外・業務時間外の飲み会など事業との関連性が乏しい場における言動である場合は別として、民法七〇九条、七一五条によって使用者責任を負いますので、この点でも使用者のセクハラ防止措置は部下を持つ管理者にとっても重要な義務となります。

また、職場のパワーハラスメントの防止義務もセクシュアルハラスメントと同様に使用者の職場環境適正保持義務と認められています。判例上も、職場の直属の課長が職員らによる職員への一方的で執拗ないじめを制止しないばかりかこれに同調し、謝罪などによって本人の精神的負荷を和らげたり、事実報告をしたりするといった適切な措置を怠り、また、職員課長も、事前に本人の精神疾患症状を認識したのだから、事実の積極的調査や速やかな善後策を講ずるべきであったにもかかわらず、いじめ防止のための職場環境整備を怠ったまま本人の職場復帰のみを図ったことに安全配慮義務違反があり、この義務違反と自殺に相当因果関係があるとし、市に責任が認められた例（平14・6・27横浜地裁川崎支部判決、川崎市水道局事件）があります。

職場の人間関係に伴う従業員間のトラブルや上司と部下の関係に伴う労働者間の受忍限度を超えた人間関係に伴うあつれき等が、集団的職場共同生活関係において職場を著しく悪化させたものとなり、ある従業員にとって、その職場が働きにくい環境になり、やむなく退職せざるを得ないとか、うつ病等精神疾患の発病に至るといった状況にまで悪化した場合には、会社としてそれを改善し、働きやすい職場環境を形成・保持していかなければならないということです。これは職場におけるセクシュアルハラスメント問題のほかにも、不当な人間関係上の差別、いわゆる村八分的取り扱い、いじめ的な処遇といったものが主として対象となります。

しかし、物理的な職場環境と違い、人間関係上の職場環境は目に見えないもので、しかも非常に主観的・個人的なものです。企業社会においては、実は人間関係上の圧迫を訴え、不当だと主張し騒いでいる本人自身が本当は職場のトラブルメーカーであり、他の従業員の職場環境を悪化させている張本人であるといった場合もあり、難しいところでもあります。

(3) 雇用管理上のセクシュアルハラスメント対策とは

職場におけるセクシュアルハラスメントを防止するため、前記「指針」において、事業主は雇用管理上、次の三つの事項について措置しなければならないと定めています。

また、平成28年の改正で、いわゆるマタハラ及び性的指向によるハラスメントと一体的な対応が定められました。

①事業主の方針の明確化およびその周知・啓発

事業主は、職場におけるセクハラ（マタハラ等も含む）に関する方針を明確化し、労働者に対してその方針を周知、啓発し、労働者の理解を深める措置を講じなければなりません。

②相談・苦情の対応体制の整備

事業主は、セクハラ（同前）についての相談・苦情への対応のための窓口を明確にすること、相談・苦情に対しその内容や状況に応じ適切かつ柔軟に対応することについて体制を整備し、該当か否か微妙な場合を含め広く適切に対応をしなければなりません。

③職場におけるセクシュアルハラスメントが生じた場合における事後の迅速かつ適切な対応

事業主は、職場におけるセクハラが生じた場合において、その事案に係る事実関係を迅速かつ正確に確認し、事実が確認できた場合においては、行為者に対する措置および被害を受けた労働者（以下「被害者」という）に対する措置をそれぞれ適正に行うことが求められます。

すなわち、就業規則等に基づき、行為者に対して必要な懲戒その他の措置を講ずること。併せて事案の内容や状況に応じ、被害者と行為者の間の関係改善に向けての援助、被害者と行為者を引き離すための配置転換、行為者の謝罪、被害者の労働条件上の不利益の回復等の措置を講ずることです。

使用者がセクハラを知るのは、本人からの直接の申し出よりも噂とか周囲の者から管理職が事実を感知することが多いのが実情のようです。ところが、一般に管理職は事の重大さを知らないで放置するか、関わりをおそれて無関心を装うことが多く、人事・総務担当者や役員が知ったときは「手遅れ」という事実もあります。

そこで、管理職は、たとえ噂であってもセクハラやマタハラ等の問題を感知したときは担当者の耳に入れて対策を講ずることが、厚生労働省「指針」にいうプライバシーを保護しつつ適切な対応をするポイントであり、ひいては「企業防衛」的な措置ともなるのです。

6 いわゆるパワーハラスメントと上司の指導教育

(1) いわゆる職場のパワーハラスメントとは

いわゆる職場のパワーハラスメント（power harassment）がよく問題になりますが、セクシュアルハラスメントのような法的定義があるわけではありません。一般には、「職場のパワーハラスメントとは、同じ職場で働く者に対して、職務上の地位や人間関係などの職場内の優位性を背景に、業務の適正な範囲を超えて、精神的・身体的苦痛を与える又は職場環境を悪化させる行為をいう」（厚生労働省「職場のいじめ・嫌がらせ問題に関する円卓会議報告」（平24・1・30）の提案）が、定義として用いられています。

すなわち、同じ職場で働く者に対して、職務上の地位や人間関係などの職場内の優位性（上司から部下に行われるものだけでなく、先輩・後輩間や同僚間、さらには部下から上司に対して様々な優位性を背景に行われるものも含まれます。）を背景に、業務の適正な範囲を超えて、精神的・身体的苦痛を与え、または職場環境を悪化させる行為であって、それが社会通念上違法とされる言動です。したがって、セクハラのように具体的概念でなく、「世上一般にいわれるパワーハラスメントは極めて抽象的な概念で、内包外延とも明確ではない。そうだとするとパワーハラスメントといわれるものが不法行為を構成するためには、質的にも量的にも一定の違法性を具備していることが必要である。したがって、パワーハラスメントを行った者とされた者の人間関係、当該行為の動機・目的、時間・場所、態様等を総合考慮の上、『企業組織もしくは職務上の指揮命令関係にある上司等が、職務を遂行する過程において、部下に対して、職務上の地位・権限を逸脱・濫用し、社会通念に照らし客観的な見地からみて、通常人が許容し得る範囲を著しく超えるような有形・無形の圧力を加える行為』をしたと評価される場合に限り、被害者の人格権を侵害するものとして民法七〇九条所定の不法行為を構成するものと解するのが相当である」（平24・3・9東京地裁判決、ザ・ウィンザーホテルズインターナショナル事件）とされているとおり民事上の不法行為の概念であり、セクハラのような行政指導の対象となる行政法上の概念ではありません。

(2) 上司等の指導教育権限とパワハラの成否

パワーハラスメントの場合問題となるのは、わが国では、上司や先輩等に対して職場における業務の遂行や職場秩序等について新人や後輩等に対する指導教育の必要があるからです。判例上も、「いかなる社会においても、先輩による後進の指導育成は重要であり、それなくして個人の職業的能力の進歩はありえない」（昭46・7・19 東京地裁判決、麹町学園事件）とされており、労働者は、就業規則に従い適正円満に就業する義務を負い、上司等の業務命令や教育指導については合理的で相当な命令である限りその命令に従う義務を負います。また、上司は部下を教育し、叱責してでも適切に業務を遂行させなければなりません。すなわち、わが国では、企業社会の通念として労働者が業務に不適格な場合には使用者にそれを改善努力すべきことが求められています。本来ならただちに契約解除（解雇）が認められるべき雇用契約の目的に達しない能力不足、協調性欠如、業務態度不良や秩序違反等についても、判例上は「使用者においてもその是正のための改善努力をし、それにもかかわらず是正されず、職場から排除しなければ適正な経営秩序が保たれない場合に初めて解雇が許されている」（昭58・12・14東京地裁判決、リオ・ティント・ジンク社事件）とされています。

そうすると、使用者は上司を通じ、労働者の教育指導を行い、適正・的確で能率的かつ安全な職務遂行をなし得るよう労働者を教育し、指導すべき義務があり、時には叱責をもって是正改善を図ることが要請されています。

判例でも、原告が病気の後遺症から居眠りしたことについて「寝ていたのかと強い口調でいったり」「原告から貸せといって書類を取り上げた事実があったり」「仕事が遅い」といったりした上司に関し「仕事を勤務時間内や期限内に終わらせるようにすることが、上司であり会社員の努めであり」、仮に厳しい口調になったとしても「注意、指導の限度を超えたものということはできないから、パワーハラスメントに該当するとは認められない」（平24・4・19岡山地裁判決、U銀行事件）とか時間内に終えられないことなどについて店長が暴言を吐くなどの言動を行ったとの主張について「注意、指導する業務上の必要から上記発言に及んだことが認められる」ので「社会通念上許容される範囲を超える態様で行われたとは認め難い」（平24・5・10大阪地裁判決、U社事件）とされています。

一方、新任の海上自衛官が、早めに食事をして交代すべきところ、それをしなかったことから、上官が安全靴で三回程度蹴るなどの暴行や「お前は役立たず、すぐ辞めてしまえ」との趣旨の発言をしたことについて、「同人に対する指導と無関係に行われたものとはいえないものの、指導として許容される範囲を逸脱していることは明らかであって」違法行為と評価せざるを得

図表5-2　いわゆるパワーハラスメントの問題

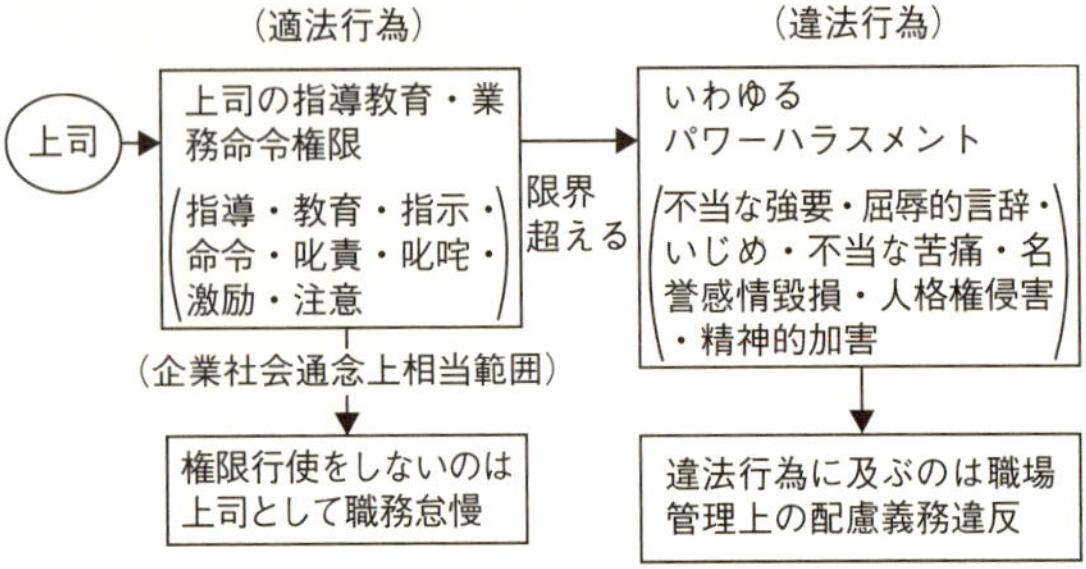

ない（平24・9・21札幌地裁判決、海上自衛隊事件）とか「渋る原告に対し、休暇をとる際の電話のかけ方の如き申告手続上の軽微な過誤について、執拗に反省書等を作成するよう求めたり、後片付けの行為を再現するよう求めた被告の行為は、同被告の一連の指導に対する原告の誠意の感じられない対応に誘引された苛立ちに因るものと解されるが、いささか感情に走りすぎた嫌いのあることは否めず、その心情には酌むべきものがあるものの、事柄が個人の意思の自由にかかわりを有することであるだけに、製造長としての従業員に対する指導監督権の行使としては、その裁量の範囲を逸脱し、違法性を帯びるに至るものと言わざるを得ない」（平2・2・1東京地裁八王子支部判決、東芝府中工場事件）等とされています。

労働者は、事業主の合理的な権限に基づく相当な業務命令である限り、その命令に従う義務を負います。しかし、それが社会通念上相当な範囲を超えて合理的な理由のない苛酷な肉体的・精神的苦痛を伴うものであったり、侮辱や威脅的言辞や懲罰・報復等の不当な目的で行われたり、リストラの一環として本人の意に反して退職勧奨から退職に追い込むものであったり、いわゆる職場のいじめ、村八分的差別など不当性を帯びる場合にはパワーハラスメントとして違法となります（図表5-2参照）。

(3) どんな言動がいわゆるパワハラとなるか

前述したとおり、パワーハラスメントとは、上司から部下へのいじめ・嫌がらせを指して使われる場合が多いのですが、先輩・後輩間や同僚間、さらには部下から上司に対して行われるものもあり、こうした行為も職場のパワーハラスメントに含める必要があることから、一般には「職場内の優位性」を「職務上の地位」に限らず、人間関係や専門知識などの様々な優位性も含まれます。

それらの優位な関係を利用した不当な命令強要や侮辱的、威迫的言辞、暴力的行為に基づき労働者の人格権の侵害となる心身に苦痛等を与え、そのために職場における円満な就労の阻害がなされていることをいいます。

たとえば、部下に対して、社内で「アホ」「ボケ」「カス」「死ね」などの暴言を繰り返したり、「やる気がないのなら帰れ」と大声で怒鳴りつけたり（平24・11・29大阪地裁判決、C不動産事件）、新入社員としてよくあるような範囲内のものではあったが、不注意等によりミスをすることが多く、同じようなミスを繰り返すことも少なくなかったため、「何でできないんだ」「何度も同じことを言わせるな」「そんなこともわからないのか」「俺の言っていることがわからないのか」「なぜ手順通りにやらないんだ」等と、周囲に他の従業員らがいるいないにかかわらず、5分ないし10分程度、大声かつ強い口調で叱責したり、ミスが重大であった場合には、気持ちが高ぶり、「馬鹿」「馬鹿野郎」「帰れ」などという言葉を発することもあった（平21・1・16東京地裁判決、ヴィナリウス事件）ことについて、いわゆるパワハラとして不法行為とされています。

しかし、パワハラの場合難しいのは、上司としては、いくら注意しても是正されない部下に対しての指導は当然に厳しくなるであろうし、それを受ける部下にとってはいじめと受けとめられるケースもあることです。判例でも土曜日および日曜日に支店長が座禅修行を強要したことにつき「業務ミスを繰り返す同人に対し精神面での修練の機会を得ることにより、自身の姿勢を顧みることが有用であるとの考えによるものであり、不法行為を構成するものではない」とされました（平25・12・13東京地裁判決、野村證券事件）。あるいは出張中のホテルの付近の居酒屋において「上司が原告に対して行った飲酒の勧誘は、強要といわれても仕方がないものであったとはいえ、その飲酒の経過や態様等からみて、上司としての立場を逸脱・濫用し、通常人が許容し得る範囲を著しく超えるような性質、内容のものであったとまではいい難い」（平24・3・9東京地裁判決、ザ・ウィンザーホテルズインターナショナル事件）とされましたが、第二審では、原告がアルコールに弱いことに容易に気づいたはずであるにもかかわらず、「酒は吐けば飲めるんだ」などと言い、一審原告の体調の悪化を気に掛けることなく、再び一審原告のコップに酒を注ぐなどしており、これは単なる迷惑行為にとどまらず、不法行為法上も違法というべきである（平25・2・27東京高裁判決、同事件）とされています。

また、「職場の上司である被控訴人がエリア総合職で課長代理の地位にある控訴人に対し、その地位に見合った処理件数に到達するよう叱咤督促する趣旨でメールを送付したもので、その目的は是認することができる。しかしながら、本件メール中には、『やる気がないなら、会社を辞めるべきだと思います。当ＳＣにとっても、会社にとっても損失そのものです』という、退職勧告とも、会社にとって不必要な人間であるとも受け取られるおそれのある表現が盛り込まれており、」その表現も赤文字でポイントも大きく記載し、「これが控訴人本人のみならず同じ職場の従業員十数名にも送信されている。この表現は、上記送信目的が正当であったとして

図表5-3　パワーハラスメントの行為類型

パワーハラスメントの行為類型	被害の実例（性別）
(1)身体的な攻撃（暴行・傷害）	・足で蹴られる（女性） ・胸ぐらを摑む、髪を引っ張る、火のついたタバコを投げる（男性）
(2)精神的な攻撃（脅迫・名誉毀損・屈辱・ひどい暴言）	・みんなの前で大声で叱責。物をなげつけられる。ミスをみんなの前で大声で言われる（女性） ・人格を否定されるようなことを言われる。お前が辞めれば。改善効果が300万出るなど会議上で言われた（男性）
(3)人間関係からの切り離し（隔離・仲間外し・無視）	・挨拶しても無視され、会話をしてくれなくなった（女性） ・他の人に「私の手伝いをするな」と言われた（男性）
(4)過大な要求（業務上明らかに不要なことや遂行不可能なことの強制、仕事の妨害）	・終業間際に過大な仕事を毎回押し付ける（女性） ・休日出勤しても終わらない業務の強要（男性）
(5)過小な要求（業務上の合理性がなく、能力や経験とかけ離れた程度の低い仕事を命じることや仕事を与えないこと）	・従業員全員に聞こえるように程度の低い仕事を名指して命じられた（女性） ・営業なのに買い物、倉庫整理などを必要以上に強要される（男性）
(6)個の侵害（私的なことに過度に立ち入ること）	・交際相手の有無について聞かれ、過度に結婚を推奨された ・個人の宗教を、皆の前で言われ、否定、悪口を言われた（女性）

（厚生労働省「あかるい職場応援団」サイトより）

も、その表現において許容限度を超え、著しく相当性を欠くものであって、控訴人に対する不法行為を構成するというべきである」（平17・4・20、東京高裁判決、A保険会社事件）とされています。一方、同事件の第一審判決は、本件メールは違法ではない（平16・12・1東京地裁判決）とされ、判示が分かれているのもその例です。パワハラとされる行為の類型は図表５‐３のとおりです。

7　均等法の趣旨に沿った措置と配慮

平成一九年四月一日施行の改正均等法は、従前の「女性労働者が性別により差別されることなく」との理念を「労働者が性別により差別されることなく」と変更し、男女を問わず性別差別を禁止し、「男女の均等な機会及び待遇の確保」を目指すものであることを明確にしました。

そして、男性労働者に対する性別による差別も禁止して、男女双方に対する差別を禁止するとともに、差別禁止の対象となる事項を具体的に明確にしました。

具体的には、

①労働者の募集および採用（五条）

②配置（業務の配分および権限の付与を含む）、昇進、降格および教育訓練
③住宅資金の貸付けその他の資金の貸付け、福祉の増進のための定期的金銭の給付、資産形成給付、住宅の貸与
④労働者の職種および雇用形態の変更
⑤退職の勧奨、定年および解雇並びに労働契約の更新（以上六条）
⑥婚姻、妊娠、出産、産前産後の休業等を理由とする不利益取扱いの禁止等（九条）の直接的な差別取扱いの禁止です。
さらに、雇用の分野における性別に関する間接差別（①性別以外の事由を要件とする措置であって、②他の性の構成員と比較して、一方の性の構成員に相当程度の不利益を与えるものを、③合理的な理由がなく講ずることをいう）として、次の措置が定められました（七条、規則二条）。
①労働者の募集または採用にあたって、労働者の身長、体重または体力を要件とすること。
②コース別雇用管理における「総合職」の労働者の募集または採用にあたって、転居を伴う転勤に応じることができることを要件とすること。
③労働者の昇進にあたり、転勤の経験があることを要件とすること。
これらは法律の条文上は「罰則なしの禁止規定」となっていますが、この法律の施行上の行

政権限の行使として「調査（任意）」「指導」「勧告」「公表」という、いわゆる「行政指導」がなされます。また、これらの差別禁止の規定は、公序良俗（民法九〇条）を形成するとして民事上の無効理由や損害賠償の対象ともなりますので留意が必要です。

なお、管理職としては、これらの男女差別の禁止の趣旨を理解して言動に注意する必要があり、たとえば、管理職が「女性社員はお茶汲みをするものである」とか、「女性は早く出勤して部屋の清掃をするのがあたりまえ」とか、その職務や能力に関係なく従来の男女の役割分担や職務固定の考えから指示や命令をすることは、女性の権利侵害といった問題を生じます。

また、「結婚はまだか」「子供を生まないのか」といった言動も、それ自体は直接的には性的な言動とはならず、いわゆるグレーゾーンですが、女性の幸福は結婚をして子供を育てることにあるといった固定観念で、女性労働者を〝職場の花〟的な扱いをすることは、均等法の趣旨に反することになります。「働く女性が性により差別されることなく、その能力を十分に発揮できる雇用環境を整備すること」を管理者は心がけなければなりません。

8　時間外・休日労働命令権限と健康（過労防止）配慮義務

会社の定める就業規則の中に「業務上必要があるときは、時間外・休日労働を命ずることがある」旨の定めがあれば、就業規則は会社と労働者との間の労働契約の内容となりますから、その定めに従って原則として労働者は、時間外・休日労働義務を負うことになります。

時間外・休日等の命令については、判例上、労基法三二条の労働時間を延長して労働させることについて「使用者が、当該事業場の労働者の過半数で組織する労働組合等と書面による時間外・休日労働協定（いわゆる三六協定）を締結し、これを所轄労働基準監督署長に届け出た場合において、使用者が当該事業場に適用される就業規則に当該三六協定の範囲内で一定の業務上の事由があれば労働契約に定める労働時間を延長して労働者を労働させることができる旨定めているときは、当該就業規則の規定内容が合理的なものである限り、それが具体的な労働契約の内容をなすから、右就業規則の規定の適用を受ける労働者は、その定めるところに従い、労働契約に定める労働時間を超えて労働する義務を負う」（平3・11・28最高裁判決、日立製作所事件）とされています。

図表５－４　時間外労働と健康管理対策

時間外労働時間(1週40時間オーバー)	脳・心疾患との関係	健康管理対策
月45時間を超える場合 （任意努力義務）	業務と発症との関連性は弱いが、時間外労働が45時間を超えると徐々に強まると判断される	事業者は、当該労働をした労働者に関する作業環境、労働時間、深夜業の回数および時間数、過去の健康診断の結果等に関する情報を、産業医（産業医を選任する義務のない事業場にあっては、地域産業保健センター事業により登録されている医師等の産業医として選任される要件を備えた医師､以下「産業医等」という）に提供し、事業場における健康管理について産業医等による助言指導を受けること
①2カ月ないし6カ月の間にわたり1カ月平均80時間を超える場合 ②1カ月100時間を超える場合 （平成18年4月1日から安衛法改正で法定化）	業務と発症との関連性が強いと判断される	事業者は、上記の措置に加えて、作業環境、労働時間、深夜業の回数および時間数、過去の健康診断の結果等の当該労働をした労働者に関する情報を産業医等に提供し、当該労働を行った労働者に産業医等の面接による保健指導を受けさせるものとする。また、産業医等が必要と認める場合にあっては産業医等が必要と認める項目について健康診断を受診させ、その結果に基づき、当該産業医等の意見を聴き、必要な事後措置を行うこと

このように、就業規則の中に「会社は、業務上必要があるときは、三六協定の範囲内で時間外・休日労働を命ずることがある」旨の定めがあり、その要件の充足があれば労働者は残業義務を負い、拒否することは業務命令違反となります。しかし、逆にいえば上司として部下に対し拘束力を生ずる残業

を命ずるにあたっては、命令に対する責任が一段と強く求められるということです。判例上も、上司である管理職が本人の「常軌を逸した長時間労働及び同人の健康状態の悪化を知りながら、その労働時間を軽減させるための具体的な措置をとらなかった過失がある」(平9・9・26東京高裁判決、電通事件)と長時間労働によるうつ病の自殺に会社の責任が問われあるいは、適切に労働時間は把握されず、「一か月三〇〇時間を超える異常ともいえる長時間労働が常態化されており」「それにもかかわらず、被告会社として、そのような勤務時間とならないよう休憩・休日等を取らせておらず、何ら対策を取っていなかった。以上のことからすると、被告会社が、Mの生命、健康を損なうことがないよう配慮すべき義務を怠り、不法行為上の責任を負うべきであることは明らかである」(平23・5・25大阪高裁判決、大庄事件)として急性心不全による社員の死亡についての責任が問われています。

厚生労働省では、「過重労働による健康障害防止総合対策」を定め、時間外労働の削減と健康管理対策を定めており、その一部は長時間労働者に対する医師面接制度として平成一八年四月一日から安衛法の改正(六六条の八)で法令上、義務化されました(図表5-4)。

9　部下の年休付与への配慮義務と調整権限

労基法上、年次有給休暇は「労働者の請求する時季に与えなければならない」とされており、ただ「請求された時季に有給休暇を与えることが事業の正常な運営を妨げる場合においては、他の時季にこれを与えることができる」（三九条五項）のです。

そこで、使用者は、「できる限り労働者が指定した時季に休暇を取ることができるように、状況に応じた配慮をすることを要請しているものとみることができ、そのような配慮をせず時季変更権を行使することは、右法の趣旨に反するものといわなければならない」（昭62・9・22最高裁判決、電電横手電話中継所事件）として、使用者にできるだけ労働者の指定した時季に年休をとり得るように配慮するよう努力すべき義務を課していると判示しています。

この使用者の配慮の程度については、当該労働者の作業の内容、性質、欠務補充要員の状況などからみて、他の者による代替勤務が可能であったか、また、当該労働者からの年次休暇の時季指定が、使用者が代替勤務者を確保し得るだけの時間的余裕のある時期にされたものであるか、さらには、当該事業場での年休制の運用などの諸点を考慮して判断されるべきで、「右の諸点に照らし、使用者が通常の配慮をしたとしても代替勤務者を確保して勤務割を変更することが客観的に可能な状況になかったと判断し得る場合には、使用者において代替勤務者を確保するための配慮をしたとみ得る何らかの具体的行為をしなかったとしても、そのことにより、使用者がした時季変更権の行使が違法となることはないものと解するのが相当である」（前掲判決）としています。いわば、通常の勤務上の配慮程度は常に要求されているわけです。

一方、部下からの年休の届け出について、上司としては、事業や業務の計画、他の労働者の休暇予定との関係、部下労働者の公平妥当な休暇の取得等について事前の調整を図る必要があります。

判例上も通信社の記者が八月二〇日から九月二〇日までの連続した長期の休暇の取得を申し入れたのに対し、八月二〇日から九月三日までの二週間は認めるが、その後の休暇に対し、時季変更権を行使したことについて、これを正当な措置として次のように判示しています。

「労働者が長期かつ連続の年次有給休暇を取得しようとする場合においては、それが長期のものであればあるほど、使用者において代替勤務者を確保することの困難さが増大するなど事業の正常な運営に支障を来す蓋然性が高くなり、使用者の業務計画、他の労働者の休暇予定等との事前の調整を図る必要が生ずるのが通常である」として、「労働者が長期かつ連続の年次有給休暇の時季指定をした場合には、これに対する使用者の時季変更権の行使については、右休暇が事業運営にどのような支障をもたらすか、右休暇の時期、期間につきどの程度の修正、変更を行うかに関し、使用者にある程度の裁量的判断の余地を認めざるを得ない」（平４・６・23最高裁判決、時事通信社事件）とし、使用者の職場での年休の調整権限を認めています。

第6章　労働時間の管理と取り扱い

●職制は、労基法の使用者にあたり、部下の労働時間を適正に管理する義務を負うので、労働時間の定義や労働時間に関する労基法上の規制を知らなければなりません。
●労基法上の労働時間は、実労働時間をいい、変形労働時間制、フレックスタイム制、事業場外のみなし労働、裁量労働などの弾力化が時短の方法として認められています。いわゆるサービス残業については、今日では賃金不払い残業として厳しい行政指導が行われています。
●休日については、週休制ですが、時間外・休日労働には規制がありますので、適正な管理と取り扱いが求められます。そのためには法令の定めを十分に理解することが必要です。

1　労働時間の定義と規制

(1)　労働時間とは

所属長等の職制は、部下の労働時間等の勤務管理の権限と義務を負っています。労基法では、原則として一週四〇時間、一日八時間を超える労働を制限していますが、労働時間とは「労働者が使用者に労務を提供しその指揮命令に現実に服している時間」をいいます。

労務を提供し、実際に指揮命令に服していれば現実に作業をしていない手待ち時間（店舗で顧客の来店を待っている時間等）も労働時間になります。しかし、使用者の拘束下にある時間（拘束時間）であっても、労務提供のための直接的指揮命令下になく労働から解放されている休憩時間や、始終業時刻前後の自由時間、交通機関を利用して出張旅行中の時間等は労働時間にはなりません。これをまとめると図表6－1のとおりです。

(2)　労基法上の労働時間制度

労基法は、「使用者は、労働者に、休憩時間を除き一週間について四〇時間を超えて、労働

図表6-1　労働時間の意義

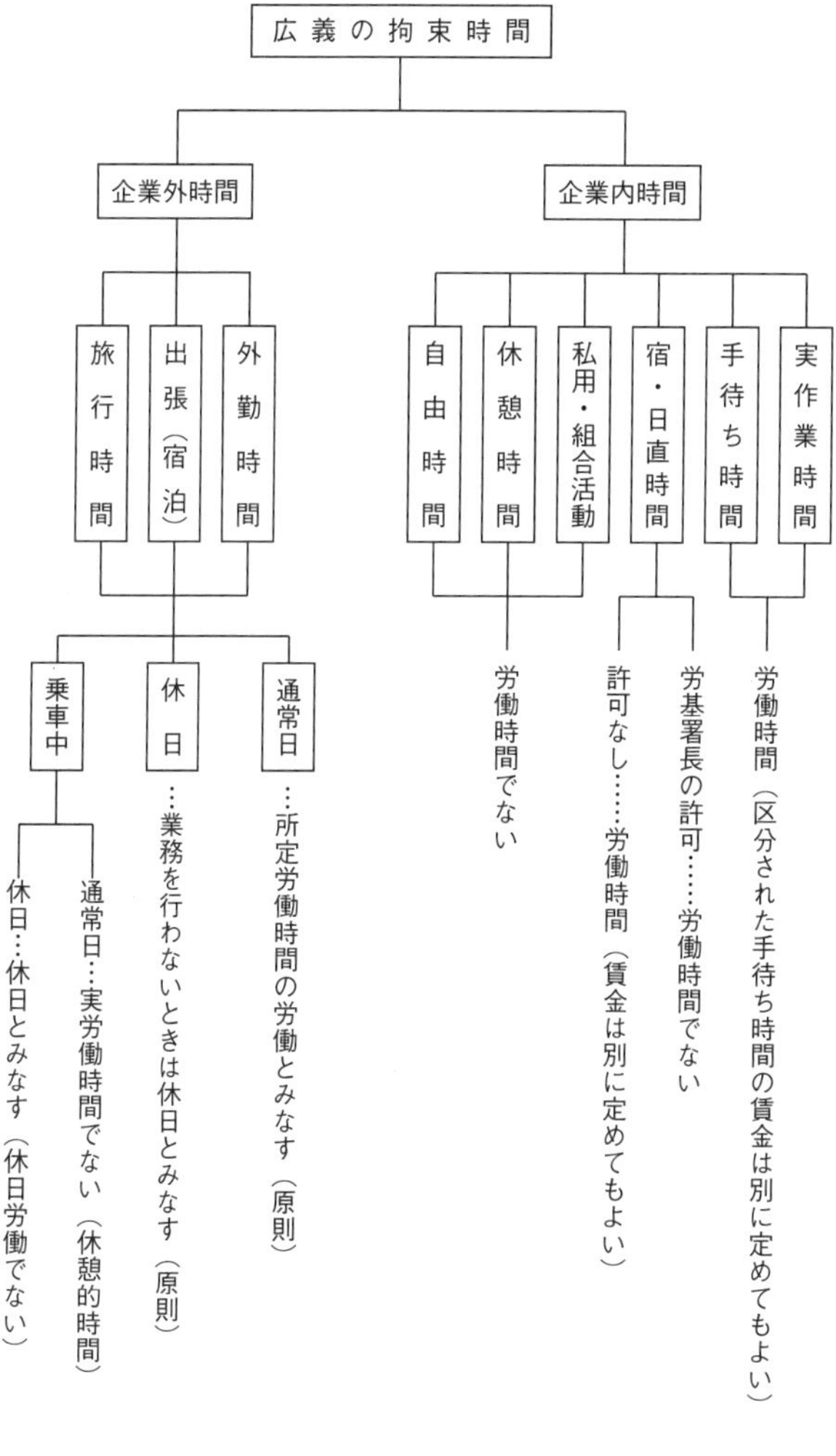

図表6-2　法定労働時間

（平成28年4月1日現在）

業種（法別表第1）＼常時使用労働者	9人以下	10人以上
以下の業種を除く全業種	時間 40	時間 40
商業（8号）	44	40
映画・演劇業（10号）	44	40
保健・衛生業（13号）	44	40
接客・娯楽業（14号）	44	40

□ 1週40時間（原則どおり、週40時間制が適用される事業場です）
■ 1週44時間（労基法40条による特例措置として週44時間まで認められる事業場です。）

（注）業種分類は、労基法別表第1に掲げる分類による。規模は、企業全体の規模という意味ではなく、工場、支店、営業所等の個々の事業場ごとの規模をいう。

させてはならない」（三二条一項）といわゆる「週四〇時間制の原則」を規定しています。現在の週法定労働時間は図表6-2のように定められています。

第三次産業の占める比重の増大等の社会経済情勢の変化に対応し、また、労働時間の短縮に資するため、労使協定の締結等一定の要件の下に、①一カ月単位の変形労働時間制、②フレックスタイム制、③一年単位の変形労働時間制、④一週間単位の非定型的変形労働時間制、⑤みなし労働時間制、を労基法上の法定労働時間制度として認めています。その概要は図表6-3のとおりです。

図表６-３　わが国の法定労働時間制度

労働時間制度		内容・要件等	根拠条文
定型的労働時間制		１週40時間〔特例事業１週44時間，１日８時間〕 （休憩時間を除く実労働時間）	法32条１，２項 法40条 規則25条の２
変形労働時間制	１カ月単位	１カ月以内の期間を平均し，１週間の労働時間が上記法定時間の範囲内で就業規則または労使協定で定めるところにより，特定の週または日に上記法定時間を超えて労働し得る。	法32条の２ 規則12条 12条の２ 12条の６ 25条の２
	１年単位	以下の内容の労使協定を締結すること ①　対象労働者の範囲（限定はない）。 ②　１年以内の一定期間を平均し１週の所定労働時間を40時間以下とすること。 ③　１年当たりの労働日数は３カ月を超える変形制の場合は280日以下とすること。 ④　各日，各週の労働時間につき，１日10時間，１週52時間以下（変形期間が３カ月を超える場合には，48時間を超える週を連続３週以下，３カ月区分ごとの期間の間に３週以下とすること）とし，連続労働日数は６日，特定期間は１週１日の休日を付与するように定めること（ただし，積雪地域の建設業の屋外労働や隔日勤務のタクシー運転者の特例がある）。 ⑤　各日の労働時間を特定して定めること。ただし，対象期間の中を１カ月以上ごとに区分した場合は，最初の期間の各日の時間の特定と残りの各期間の労働日，総労働時間を定め，以降は各区分期間の開始30日前に労働者代表の同意を得て上記の範囲内で各日の労働時間を書面で定めること。 ⑥　対象期間の一部しか勤務しなかった者につきその期間を平均し，法定時間を超えている時は割増賃金を支払い清算すること。 ⑦　有効期間を定めること。 ⑧　変形労働時間制の起算日を定めること。 ⑨　労使協定の内容を届け出ること。	法32条の４ 法32条の４の２ 規則12条の２ 12条の２の２ 12条の４ 12条の６（特例） 規則65条規則66条

労働時間制度		内容・要件等	根拠条文
変形労働時間制	1週間単位非定型 （規模30人未満の小売業，旅館業，料理，飲食店に限定）	以下に定める労使協定を締結すること。 ① 変形制をとる1週間の所定労働時間は40時間以下とすること。 ② 1週間の各日の労働時間を週の開始前に文書通知により明示すること。 ③ 1日の労働時間を10時間以下とする。 ④ 上記の時間を超えた労働には割増賃金を支払う旨の定めをすること。 ⑤ 変形労働時間制の起算日を定めること。 ⑥ 労使協定の内容を届け出ること。	法32条の5 規則12条の5 12条の6
フレックスタイム制		① 就業規則で始・就業時刻を労働者の自主決定に委ねる旨定めること。 ② 下記の労使協定を締結すること。 ⓐ 適用労働者の範囲 ⓑ 清算期間（ただし1カ月以内とすること） ⓒ 清算期間中の総労働時間（法定労働時間の範囲内とすること） ⓓ その他の命令で定める事項 ㋑ 標準となる1日の労働時間 ㋺ コアタイムを定める場合その開始・終了時刻 ㋩ フレキシブルタイムを定める場合その開始・終了時刻	法32条の3 規則12条の2 12条の3 25条の2
みなし労働時間計算	事業場外労働 （事業場外で業務に従事した場合において労働時間算定困難のとき）	① 原則として所定労働時間労働したものとみなす。 ② 事業場外業務を遂行するためには通常所定労働時間を超えて労働することが必要な場合は，その通常必要とされる時間労働したものとみなす。 この場合労使協定でその時間数を定めたときはその時間の労働とみなす。 ③ 労使協定の内容を届け出ること。	法38条の2 1項～3項 規則24条の2
	裁量労働Ⓐ業務の性質上業務の遂行手段，時間配分を労働者の裁量に委ねる必要	① 労使協定で以下のうちから対象業務，業務と労働時間配分の裁量性，労働時間数，健康福祉措置，苦情処理を定めたときはその協定で定める労働時間の労働とみなす。 対象業務は，次のものである。 ⓐ新商品もしくは新技術の研究開	法38条の3 規則24条の2の2

	のある厚生労働省令で定める業務（専門業務型）	発などの業務ⓑ情報処理システムの分析または設計の業務ⓒ記事の取材または編集の業務ⓓデザイナーの業務ⓔプロデューサーまたはディレクターの業務ⓕ厚生労働大臣の指定する，コピーライター，システムコンサルタント，インテリアコーディネーター，ゲーム用ソフト創作，証券アナリスト，金融商品開発，大学の研究，公認会計士，弁護士，建築士，税理士その他の専門業務 ②　労使協定の内容を届け出ること。	
みなし労働時間計算	裁量労働Ⓑ事業運営上の重要な決定が行われる事業場に設けた労使委員会の委員の５分の４の多数の決議により企画・立案・調査等の業務につき決議をし，その決議を労基署長に届け出た場合（企画業務型）	事業場において，所定の手続きを経て労使委員会を設け，その委員の５分の４以上の多数の決議により次の事項を決議し届け出ることによりその決議で定めた時間の労働とみなす。 ①　（対象業務）事業運営事項の企画，立案，調査および分析の業務であって遂行手段等に関し使用者が具体的指示をしないこととする業務 ②　対象労働者の具体的な範囲 ③　労働時間として算定される時間 ④　対象労働者の健康および福祉を確保するための措置 ⑤　対象労働者からの苦情の処理に関する措置 ⑥　対象労働者の同意を得なければならないこと。 ⑦　同意しないことについて不利益扱いしないこと。 ⑧　その他厚生労働省令で定める事項と ⑨　その決議内容を労基署長に届け出ること。 なお，上記の労使委員会は，委員の半数については，労働者の過半数を代表する者等に命令で定めるところにより任期を定めて指名される等所定要件に合致していること。	法38条の４ 規則24条の２の３ 24条の２の４ 24条の２の５ 規則付則66条の２ 告示149号（平11.12.27） 改正告示353号（平16.１.１適用）

2　労働時間管理の基礎的事項

(1)　労基法の「一週」「一日」の単位は

労基法は、三二条一項において一週四〇時間（特例事業は四四時間）制を規定するとともに、二項で「使用者は、一週間の各日については、労働者に、休憩時間を除き一日について八時間を超えて、労働させてはならない」と定めています。

この「一週間」とは、就業規則その他に別段の定めがない限り、日曜日から土曜日までのいわゆる暦週をいいます（市販の手帳は、月曜日から日曜日が多いので注意のこと）。「一日」とは、午前零時から午後一二時までのいわゆる暦日をいいますが、継続勤務が二暦日にわたる場合には、たとえ暦日を異にする場合でも一勤務として取り扱い、当該勤務は始業時刻の属する日の労働として、当該始業時刻の日の「一日」の労働となります（昭63・1・1基発一号）。

(2)　法定労働時間と所定労働時間

法定労働時間とは、法律に定められている、原則として一週四〇時間（特例事業四四時間）、一日八時間の定めをいい、所定労働時間とは各企業において就業規則等で定めるその企業の始業時刻から終業時刻までの労働時間（休憩時間と定められている時間を除く）をいいます。

そこで、所定労働時間をたとえば一日七時間と定めている事業場の場合には、それを超えて労働したとしても、法定労働時間（一日八時間）を超えないと法律上の一日単位の時間外労働にはなりません。したがって、割増賃金の支払いの必要はありません。

三六協定の時間外労働の制限の適用も、一日七時間の所定労働時間を定めている場合、法令上の制限時間の計算に入るのは、一日実働八時間の法定労働時間を超えた時間であり、企業の定める所定労働時間を超えた時間ではありません。

(3)　労働時間の繰り上げ・繰り下げの命令

労基法は「実労働時間主義」をとっていますので、始業・終業時刻の繰り上げ・繰り下げは自由で、結果的に一日八時間を実労働時間が超えなければ一日単位の違反にはなりません（昭29・12・1基収六一四三号）し、一週間の労働時間が四〇時間を超えない限り同じく労基法上の時間外労働時間にはなりません。

労働者がこの繰り上げ・繰り下げに応ずる義務があるかどうかは就業規則や労働協約の定め

により、就業規則に「業務の都合上繰り上げ・繰り下げることができる」旨の定めがあれば、会社はこの変更を命じることができます。

3　変形労働時間制の運用をめぐって

(1)　変形労働時間制とは

労基法は、業務の予定される繁閑に応じて労働時間を定める変形労働時間制を認めています。この変形労働時間制とは、一定期間の労働時間の平均をもって定める「平均労働時間制」です。労基法では、変形労働時間制の種類は①一カ月単位の変形制、②一年単位の変形制、③一週間単位の非定型的変形制の三種類です（詳細は図表6－3参照）。

これは、要するに一週平均四〇時間（次の式による時間）すなわち一カ月の労働時間（三〇日の月は約一七一時間、三一日の月は約一七七時間）、一年の労働時間（三六五日の年は約二〇八五時間）を各対象期間に割り振っていくという労働時間の制度です（図表6－4）。

$$40（時間）\times \frac{変形期間の暦日数}{7（日）}$$

(2) 一カ月単位の変形制の労働時間

変形労働時間制は、就業規則または労使協定で変形制をとる期間の各日または各週の労働時間を特定して定めることが必要であり、変形労働時間制の中心をなす要件です。

図表６-４　変形労働時間制

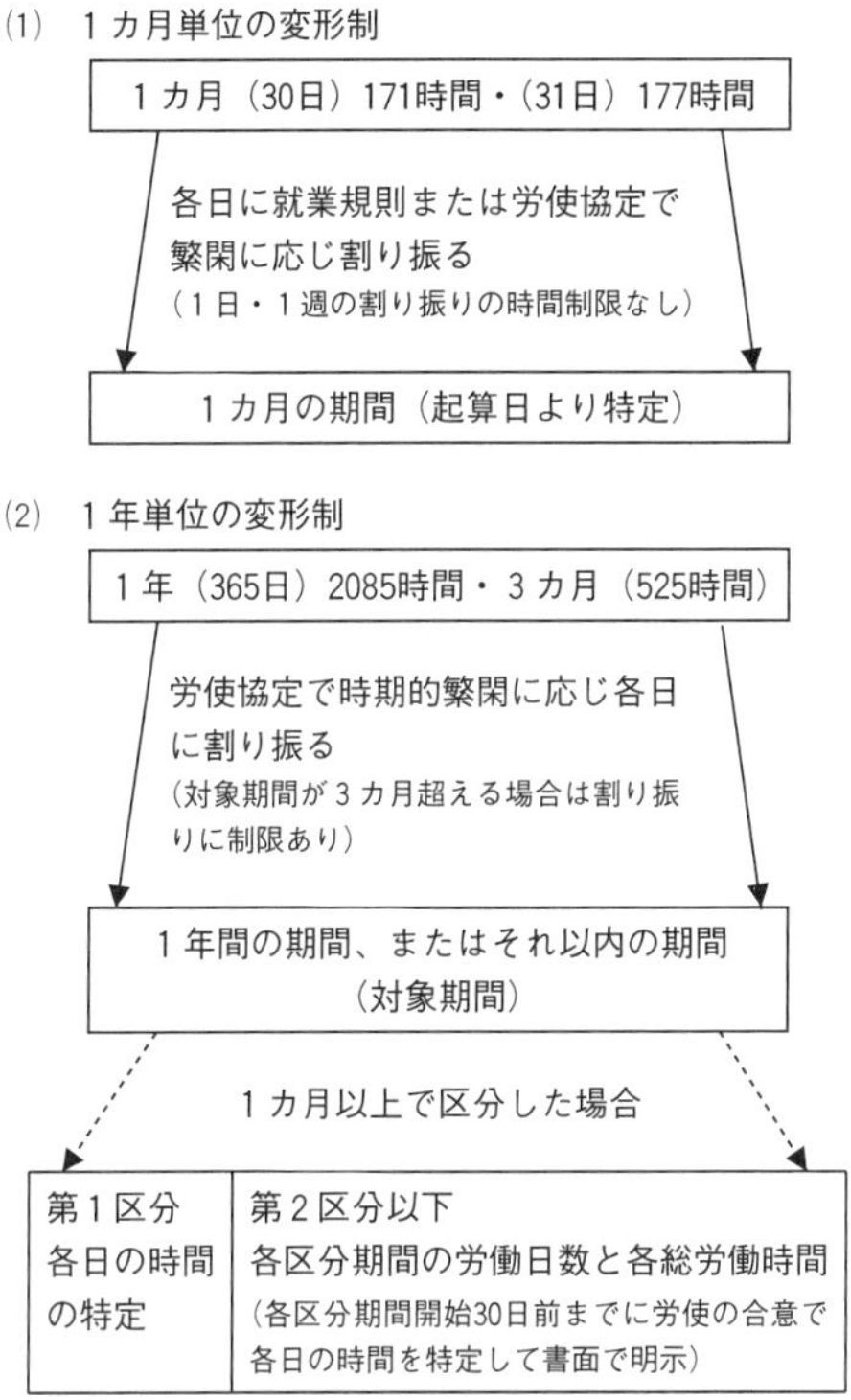

この場合、一カ月単位の変更制については、就業規則上一日八時間を超える日を具体的に何月何日とか、毎週何曜日とかあらかじめ定めておかなくても、変形労働時間制をとる場合の一定の事由とその場合の労働時間（始業、終業時刻および休憩時間）および周知手続き

を具体的に就業規則で定めておけば足り、この方法により、毎月の勤務表等を作成して、各人別の各日、各週の労働時間を定めることでもさしつかえありません。そして、現実の運用は実際上、このような方法で行われます。この場合には、変形制の起算日の一〇日前とか一週間前等、当該変形期間の開始前に勤務表等を各人に周知して、あらかじめ特定の要件を充足させて変形労働時間制を実施しなければなりません（昭63・3・14基発一五〇号）。また、変形労働時間制の法定労働時間の範囲内であれば、業務の都合や労働者の欠勤等による勤務割りや始業時刻の臨時的な変更については、当該就業規則に定める労働時間の変更の規定に従い、かつその週の開始前に勤務表等の変更として明示して特定の上行われる限り、なお本条項に定める「特定」の範囲内と考えられるのでさしつかえないと考えられます（平12・4・27東京地裁判決、ＪＲ東日本事件）。

(3)　一年単位の変形制と労働時間の特定

一年単位の変形労働時間制を採用する場合には、就業規則ではなく労働者の過半数が加入する労働組合があるときはその組合、ないときは当該事業場の労働者の過半数を代表する者との労使協定により、変形期間における労働日および当該労働日ごとの労働時間を具体的に定める必要があります。

一年単位の変形労働時間制は、あらかじめ一年間の各労働日と、労働日ごとに何時間労働するのかを始・終業時刻をもって特定して定めておくことが要件ですが、その変形期間の中を一カ月以上の期間に区分したときは、最初の一カ月間の各日の労働時間のみを定めれば、その期以降の労働時間はあらかじめ各区分期間ごとの労働日および総労働時間を決めておき、具体的な特定はその区分期間開始の三〇日前までに労働者代表の同意を得て右の範囲内で決定し書面で明示すればよいとされています。問題はいったん決定した後の変更ですが、区分期間開始前であれば、一度定めたものでも事前同意による振替変更は可能です。

問題は、区分期間に入ってからの変更ですが、この場合も一週、一日の法定時間内の労働日や休日の振替変更なら労働者代表の同意を得て事前に行うことは問題ないのですが、一日八時間を超える日と別の一日八時間以内と定めている日との変更や休日の八時間を超える日との振替変更は、厚生労働省当局は一日八時間を超えると週四〇時間以内でも時間外労働になるとしています。しかし協定当事者の労働者代表の同意により事前に行う場合には、その事由と手続きを特定して協定で定めているものであり、それによる限りは適法と解すべきでしょう。

(4) 変形労働時間による就労命令上の注意事項

三つのパターンの変形労働時間（図表6－3参照）については、それが労基法上の労働時間制度ですから事業場において法定要件を充足してこれを導入した場合、当該変形勤務を命じられた労働者は、このような変形労働時間の勤務をしない旨の限定的な特約をしていない以上は原則として拒否できず、使用者の労務指揮権の行使と解されています（平元・2・27東京高裁判決、日本航空事件）。

しかし、一定期間の労働時間の短縮とひきかえに一日当たりの労働時間が長くなっている日もありますので、労働者の生活に著しい不便や不利益をかける場合もあり、正当な理由があって労働者が変形労働時間制の勤務に従事できない場合は、使用者としても変形制勤務を強制することは条理上差し控えるべきでしょう。

そのような業務命令上の配慮が必要な例として、「使用者は、法第三二条の二（注：一カ月単位の変形制）、第三二条の四（一年単位の変形制）又は第三二条の五（一週間単位の変形制）の規定により労働者に労働させる場合には、育児を行う者、老人等の介護を行う者、職業訓練又は教育を受ける者その他特別の配慮を要する者については、これらの者が育児等に必要な時間を確保できるような配慮をするように努めなければならない」（規則一二条の六）と規定されていますが、これは右のような使用者の勤務命令権限の濫用にあたるようなケースの例示と解されています。

また、このほかにも、妊産婦、年少者等についての変形労働時間制の制限があります。

4　フレックスタイム制の運用をめぐる問題

フレックスタイム制は、清算期間（最長一カ月）における総労働時間のみが定められ、各日の労働時間については自己の自主決定により自由に労働するものですから、一日単位の時間外労働というものは発生しません。

そこで「フレックスタイム制を採用した場合に時間外労働となるのは、清算期間における法定労働時間の総枠を超えた時間であること。したがって、法第三六条の規定による協定についても、一日について延長することができる時間を協定する必要はなく、清算期間を通算して時間外労働をすることができる時間を協定すれば足りるものであること」（昭63・1・1基発一号）とされています。

次に、フレックスタイム制の場合に会議、打ち合わせ等のための出勤時刻指定勤務ができるかですが、フレックスタイムには通常、①コアタイム、②フレキシブルタイムの時間帯があり、①のコアタイムは必ず勤務しなければならない時間帯なので、この時間帯に会議、打ち合わせその他のため出勤時刻を指定した勤務を命ずることは問題ありません。ところが、②のフレキシブルタイムは、労働者が自由に出勤・退勤時刻を選択できる時間ですので使用者の時間指定の勤務命令はできません。

しかし、業務上、どうしても取引先の来社や関係官庁の調査、社内会議、打ち合わせ等があって、その時間には業務担当者であるフレックスタイム制の労働者の勤務が必要な場合には、フレックスタイム制の労働者であっても誠実勤務義務や職務専念義務がありますので、自己の生活を規律してその時刻に業務ができるように自主的に勤務する義務があります。つまり「自由のあるところに責任あり」ということで、自主的な調整が求められるのです。

5　事業場外労働の労働時間の算定

労働者が労働時間の全部または一部について事業場外で業務に従事した場合において、労働時間を算定し難いときの事業場外労働の労働時間の算定は、次のようになります（労基法三八条

図表６-５　事業場外労働のみなし時間（一部事業場内労働のある場合）

①　労基法38条の２第１項本文の場合（内・外一体）

事業場外労働　＋　事業場内労働　＝　所定労働時間の労働とみなす

②　同条　１項但書の場合（内・外別個）

所定労働時間を超える事業場外のみなし時間（労使協定時間）　＋　事業場内労働時間　＝　当日の全体の労働時間（所定外労働時間）

の二第一項）。

①原則として所定労働時間の労働とみなすこと（時間外労働は発生しない。同条本文、図表6-5①）。

②通常当該事業場外労働を遂行するためには所定労働時間を超えて労働することがあたりまえの勤務状況となっており、その事業場外の仕事をするためには、客観的にみて実労働時間が所定労働時間を超えることが通常の状態となっている場合には、当該業務に通常必要とされる時間、労働したものとみなすこと（時間外労働が発生する。同条ただし書、図表6-5②）。

③②の場合であって、労使協定が締結されているときには、その協定で定める時間を当該業務の遂行に通常必要とされる時間とすること。

この事業場外労働に関するみなし労働時間制の対象と

なるのは、事業場外で業務に従事し、かつ、使用者の具体的な指揮監督が及ばず、実労働時間を算定することが困難な業務で、外務員、外交員、各種販売会社のセールスマン、集金人、金融機関の得意先係、各種の調査・情報収集係、新聞記者や取材担当者等多種の職種があり、いわゆる在宅勤務者もこの中に含まれます。これらの者は会社の外で働くので業務の時間配分等について裁量性と断続性があり、実労働時間が何時間になるか算定できないため、みなし時間制が認められています。

C O F F E E　B R E A K

発基と基発

よく通達行政ということがいわれます。労働基準法は法令の条文を読んだだけでは直ちに企業の実務にどう適用すべきか分からないことが多く，たとえば1日という概念でも，本章の本文にあるようにケースにより異なった解釈や取り扱いとなります。その解釈適用について厚生労働省は多くの通達を出しており，この通達のことを通常「解釈例規」と呼んでいます。

通達には記号がついていますが,

発基は, 事務次官通達で厚生労働省労基局関係のもの

基発は, 厚生労働省労基局長通達

基収は, 厚生労働省労基局長が問い合わせの照会に答えた通達

基監発は，厚生労働省労基局監督課長の通達

というように区別されています。時に，発基と基発は誤植だと思って統一してしまう人がいますが，決して誤植ではないのです。

そこで、次の場合のように、使用者の具体的な指揮監督が及んでいるときには、労働時間の算定が可能ですので、みなし労働時間制の適用はないとされています（昭63・1・1基発一号）。

①何人かのグループで事業場外労働に従事する場合で、そのメンバーの中に労働時間の管理をする者がいる場合……これはグループで組織的に仕事をする場合で監督者や責任者がいて全員を指揮監督して業務を遂行するケースであり、労働時間の把握ができる場合です。上司とのいわゆる随行出張等はグループでの集団労働ではないのでこれにあたりません。

②事業場外で業務に従事するが、無線や携帯電話等によって随時使用者の指示を受けながら労働している場合……無線電話等を単に携帯するのみでは該当しません。それによって上司が常に部下の行動を把握し、報告・連絡・指示が随時なされ、営業社員等がリモートコントロールされているという実態のある場合のことをいいます。判例でも、携帯電話の所持をはじめ、朝礼での報告や指示、行動予定表の提出、そしてタイムカードでの出退勤の管理がなされていた場合において、みなし労働時間制の適用はないと判示しています（平14・7・19大阪地裁判決、光和商事事件）。

③事業場において、訪問先、帰社時刻等当日の業務の具体的指示を受けたのち、事業場外で指示どおりに業務に従事し、その後事業場にもどる場合……これは、訪問先、業務内容、時間

等につき具体的に指示を受け、そのとおり業務を行わなければならない、自由裁量性のない場合です。したがって、当日事業場にもどらない直帰は該当しません。

また、通常の事業場外労働では原則として「みなし時間」となりますので時間外労働は生じませんが、内勤者との均衡上、セールス手当、外勤手当、営業手当等、事実上の時間外労働手当に相当するものを特殊勤務手当として支給している企業が多いのが実情です。この場合には、時間外労働相当分もその中に含む旨明示して定めておく必要があります。

6　出張中の旅行時間は労働時間か

出張等で仕事の目的地まで赴くため列車、バス、船舶、航空機等の乗物に単に乗っているだけの時間が労働時間になるかという問題があります。この時間は拘束時間ですが、労務に従事していないので労働時間には該当せず、休憩時間と類似の時間であると解されています。

たとえば、自動車運転者のフェリーボートの乗船時間は労働時間でなく休息時間（昭54・12・27基発六四二号）とされ、同様に長距離トラック運転手のフェリー乗船中の時間は休憩時間である（昭58・8・30大阪地裁判決、立正運送事件）等とされていることからもいえます。

したがって、「出張中の休日はその日に旅行する等の場合であっても、旅行中における物品の監視等別段の指示がある場合の外は休日労働として取り扱わなくても差し支えない」（昭23・3・17基発四六一号、昭33・2・13基発九〇号）とされています。判例でも休日の日曜日を利用して出張先へ移動したとしても「休日に労働したわけではない」ので休日労働にはあたらず、労働時間にも含まれない（平元・11・20東京地裁判決、東葉産業事件）とされています。

なお、会社の構内での休憩時間中における施設等に起因する災害が業務上になるように、出張旅行中の交通災害等も業務上災害となります。

7　裁量労働の労働時間の算定

(1)　裁量労働のみなし労働時間

近年の技術革新の進展、経済のサービス化・情報化等に伴い、業務の性質上その業務の具体的な遂行については労働者の裁量に委ねる必要があるため、使用者の具体的な指揮監督になじまず、通常の方法による労働時間の算定が適切でない業務が増加しています。これに対応して労基法は、「業務の性質上その遂行の方法を大幅に当該業務に従事する労働者の裁量にゆだね

図表6-6

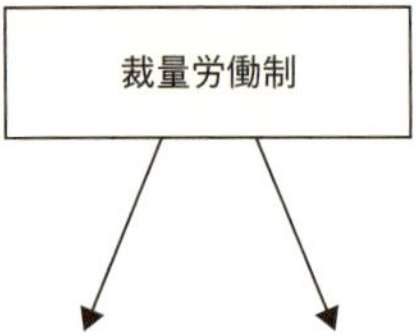

(種類)	(対象)	(手続き)	(本人同意)
専門業務型	専門的一九の業務 (規則で限定)	労使協定と労基署長への届け出	同意不要
企画業務型	事業運営事項の企画、立案、調査、分析の業務	労使委員会の設置と五分の四の決議の届け出	同意必要 不同意の不利益扱い禁止

る必要があるため、当該業務の遂行の手段及び時間配分の決定等に関し具体的な指示をすることが困難なもの」として定めた業務について「裁量労働」というものを定め、「みなし労働時間」をもって当該業務における労働時間とする法制度を設けています。

これには図表6-6のとおり二つのパターンがあります。

(2) 研究開発等専門業務の裁量労働

専門業務型の裁量労働とは、専門業務として厚生労働省令で定める業務につき認められています。その要件は、該当業務のうちから労働者に就かせることとする業務を定め、当該業務の遂行の手段および時間配分の決定等に関し当該業務に従事する労働者に対し具体的な指示をしないこととする旨およびその労働時間の算定については当該協定で定めるところによることとする旨を労使協定で定め所轄労基署長に届け出た場合です。その場合には「労働者を当該業務に就かせたときは、当該労働者は、厚生労働省令で定めるところにより、その協定で定める時間労働したものとみなす」（労基法三八条の三）とされ、労使協定によって、労働時間が何時間であるか定めた場合には、その協定した時間の労働をしたものとみなされるのです。この裁量業務とは、厚生労働省令で次の一九の専門的業務がこれにあたるとして規定されています。

①新商品または新技術の研究開発、人文・自然科学の研究の業務、②情報処理システムの分析または設計の業務、③新聞、出版事業もしくは放送番組制作のための記事の取材または編集の業務、④衣服、室内装飾、工業製品、広告等の新たなデザインの考案の業務、⑤放送番組、映画等の制作事業のプロデューサーまたはディレクターの業務。

⑥右のほか、厚生労働大臣の指定する次の十四の業務。該当する業務は、現在のところでは、㋐コピーライター、㋑システムコンサルタント、㋒インテリアコーディネーター、㋓ゲームソフト創作、㋔証券アナリスト、㋕アクチュアリー、㋖大学の教授研究の業務、㋗公認会計士、

㋘弁護士、㋙建築士、㋚不動産鑑定士、㋛弁理士、㋜税理士、㋝中小企業診断士の業務です。

(3) 企画・立案等の労使委員会決議による裁量労働

従来から、事務・企画・営業系のいわゆるホワイトカラーといわれる者にも裁量労働を認めるべきであるとして議論されてきましたが、そのうちで、「事業の運営に関する事項についての企画、立案、調査及び分析の業務」に限って「労使委員会」の「委員の五分の四の多数」による「決議」をもって裁量労働制が認められました（労基法三八条の四）。

対象事業場とは、①本社・本店である事業場、②当該企業等に係る事業の運営に影響を及ぼす決定が行われる事業本部・統括支店の事業場、③本社・本店の具体的指示を受けることなく独自に、支社・支店等に係る事業の運営に大きな影響を及ぼす事業計画や営業計画の決定を行っている本店、支店等の事業場とし、労使委員会で決議すべき事項は次のとおりです。

①対象となる業務の具体的な範囲（事業の運営に関する事項についての企画、立案、調査及び分析の業務の具体的な範囲）

②対象労働者の具体的な範囲（「対象業務を適切に遂行するための知識、経験等を有する労働者」であって「当該対象業務に就かせたときに当該決議で定める時間労働をしたとみな

されるもの」の範囲）
③労働したものとみなす時間
④使用者が対象となる労働者の勤務状況に応じて実施する健康および福祉を確保するための措置の具体的内容
⑤使用者が対象となる労働者からの苦情の処理のため実施する措置の具体的内容
⑥本制度の適用について労働者本人の同意を得なければならないことおよび不同意の労働者に対し不利益取り扱いをしてはならないこと
⑦決議の有効期間（三年以内とすることが望ましいとされています）

そして、右の事項を労使委員会で決議したことを、所定様式により所轄労働基準監督署長へ届け出ることによって、効果が発生します。

また、右労使委員会の委員の半数は、対象事業場の過半数労働組合または過半数労働組合がない事業場においては過半数代表者から、任期を定めて指名を受けなければなりません。人数については、特に規定はありませんが、労使各一名からなるものは「労使委員会」として認められません。

8　休憩時間の自由利用の原則と例外

休憩時間は、労働時間が六時間を超える場合には四五分以上、八時間を超える場合には一時間以上を労働時間の途中で与えなければなりません。この休憩時間は原則として一斉に与えなければなりません（労基法三四条一、二項）。一斉休憩には業種、業務と労使協定による例外があります。休憩時間とは、労働時間の途中において権利として労働から離れることを保障されている時間で、使用者は休憩時間を「自由に利用させなければならない」（同条三項）と規定しています。自由に利用させるということは、労働からの自由を意味します。

しかしながら、自由利用といっても絶対的なものではなく、休憩時間中といえども、労働ないし使用者の就労命令下から解放されているだけで、「休憩時間の利用について事業場の規律保持上必要な制限を加えることは、休憩の目的を害《そこな》わない限り差し支えない」（昭22・9・13基発一七号）のであり、また、休憩時間中の外出について所属長の許可を受けさせることについても、「事業場内において自由に休憩し得る場合には必ずしも違法にはならない」（昭23・10・30基発一五七五号）のです。判例上も「一般に労働者は、休憩時間中といえども、その勤務する事業所又は事務所中における行動については、使用者の有する右事業所等の一般的な管理権に基づく適法な規制に服さなければならないものである」（昭49・11・29最高裁判決、米空軍立川基地事件）とされています。

9　休日の原則と振り替え・代休の違い

休日は、毎週一日の週休制が原則であり、「使用者は、労働者に対して、毎週少なくとも一回の休日を与えなければならない」（労基法三五条一項）とされ、四週間に四日以上の休日を与える変則休日制も「前項の規定は、四週間を通じ四日以上の休日を与える使用者については適用しない」（同条二項）と定めて認められています。ただし、四週の起算日の定めが必要です（規則一二条の二第二項）。休日は、「必ずしも特定すべきことを要求していない」（昭23・5・5基発六八二号）ところです。

休日は、あらかじめ特定して他の日と振り替えることができ、四週四日の休日が確保されている限り休日労働にはなりません（昭23・4・19基収一三九七号）。しかし、休日振替手続きをとらず、休日に労働させて、あとで代わりの休日を与える代休では所定休日の変更にはなりませ

図表6－7　休日振替・代休・代替休暇

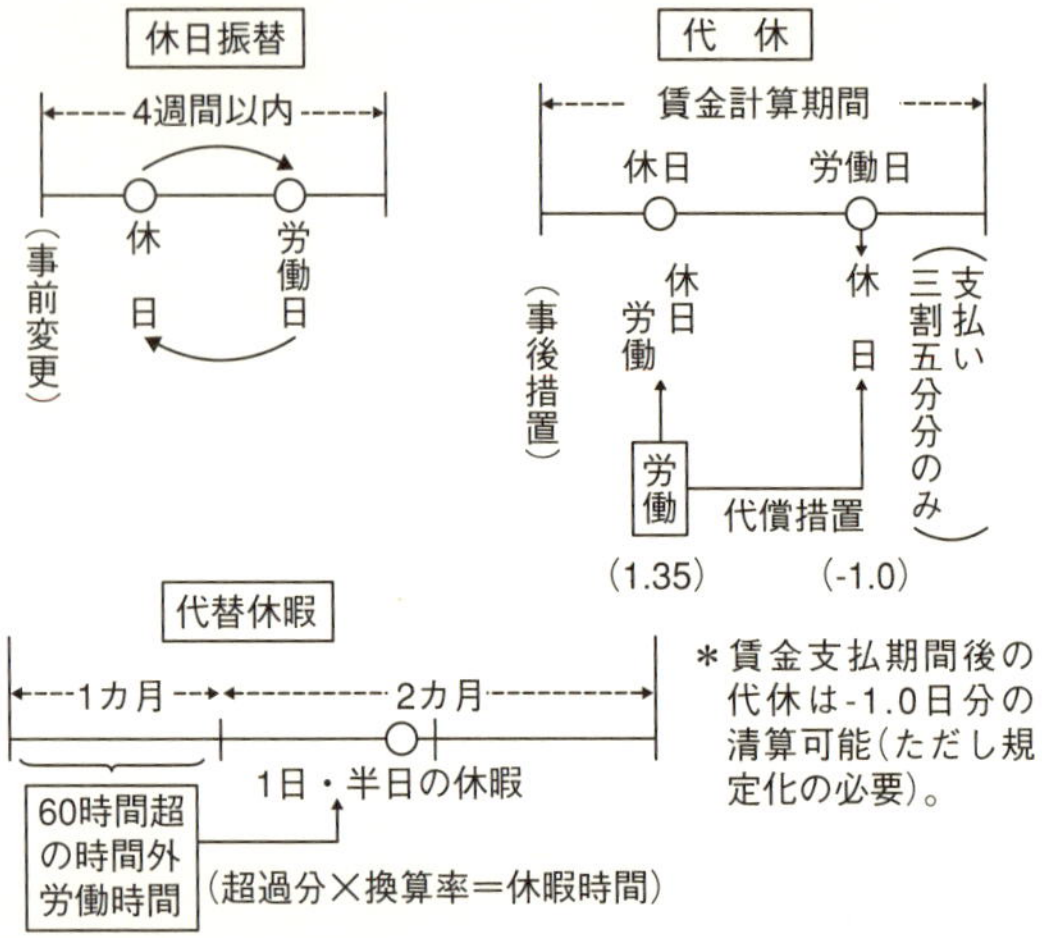

ん（昭24・9・21基収三〇〇〇号）。

「休日の振り替え」とは、あらかじめ休日と定められている日と労働日を変更する措置であり、代休とは事前に振替措置をとっておかないで休日労働させて、その後で代償として休日を付与するものです。このような代休制度を設けるかどうかは企業の自由（昭23・4・9基収一〇〇四号）であり、代休制度のない会社も多いのです。この両制度の差は、前者は全く休日労働にならないのに対し、後者は代償ですから休日労働そのものを帳消しにするものではなく、法定休日については原則として一・〇日分は相殺的に充当されますが割増賃金部分（〇・三五日分）の支払いは必要となります。しかし、結果的に四週四日以上の休日が与えられていれば、それをもって法的休日とすると定めても違法とはなりませんし（平11・3・31基発一六八号）、その場合は結果的に代休も含まれると解されます。なお、平成二二年四月一日施行の労基法改正で、一カ月六〇時間以上労働した場合の代替休暇が設けられました（図表6-7）。

休日労働の割増賃金率は三割五分です（労基法三七条一項、平6・1・4政令五号）が、この割増賃金率の対象となるのは一週一回または四週四日の法定休日のみで、結果的に四週四日の休日が与えられていれば問題なく（施行規則一二条の二第二項の起算日の定めは、四週四日制の法定要件ではない）、それに不足している場合には、その不足日数に応じて休日労働割増賃金を支払えば違反としては取り扱わない（平6・1・4基発一号）とされています。

第7章　時間外・休日労働の管理

●部下をもつ職制としては、今日の企業社会においては、いわゆる過労死など長時間労働が問題となっており、心身の健康管理やワーク・ライフ・バランスなどの観点から時間外・休日労働の管理が重要となっています。

●時間外や休日労働を命令できる要件は、労働者の代表者と時間外労働協定（これを三六協定《さんろく》といいます）を結んで、所轄労基署長に届け出ていることと、就業規則で業務の都合によって時間外・休日労働を命じうる旨が定められていることです。

●臨時的に三六協定の限度基準時間を超えて時間外労働を命じるためには「特別条項付三六協定」とその適用手続が必要です。

●平成二二年四月一日施行の労基法改正で一カ月六〇時間以上の時間外労働の割増率が五割以上となったので、今まで以上の残業管理が必要となります。

1　時間外・休日労働命令の要件

使用者が労働者に時間外労働を業務命令として命じるには、次のような有効要件を満たさなければなりません（なお、左の一週四〇時間というのは特例事業の場合は四四時間をいいます）。

法内残業（一週四〇時間一日八時間以内）の場合＝民事法上（私法上）の要件のみ

法定残業（一週四〇時間一日八時間超過）の場合＝労基法上（公法上）の要件＋民事法上の要件

法定労働時間を超える残業を命じる場合には、労基法上の要件（すなわち公法上の要件）と、民事上の要件（私法上の要件）の双方を充足することが必要で、休日労働についても同じです。

労基法上の公法上の要件とは、労基法三六条で定める時間外・休日労働に関する協定（いわゆる三六協定《さんろく》）とその所轄労基署長への届け出のことです。

これは、同法三六条で、「使用者は、当該事業場に、労働者の過半数で組織する労働組合がある場合においてはその労働組合、労働者の過半数で組織する労働組合がない場合においては労働者の過半数を代表する者との書面による協定をし、これを行政官庁に届け出た場合においい

図表７－１　時間外・休日労働協定（いわゆる36協定）

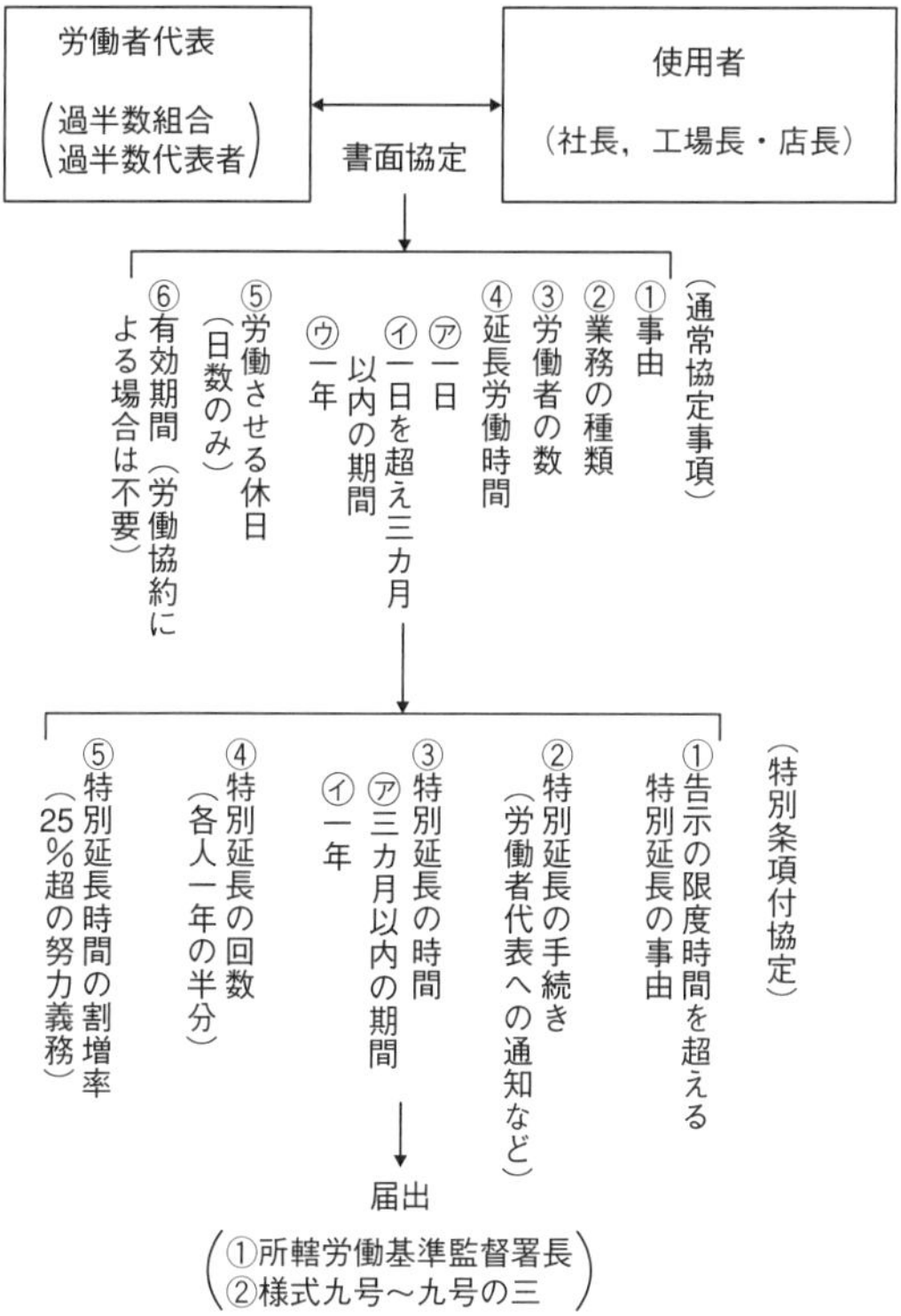

ては、第三十二条から第三十二条の五まで若しくは第四十条の労働時間又は前条の休日に関する規定にかかわらず、その協定で定めるところによって労働時間を延長し、又は休日に労働させることができる」と定めており、この手続きが必要なのです（図表7－1参照）。

民事法上（私法上）の要件とは、労働契約上の時間外労働義務のことをいい、判例上は、「使用者が、当該事業場の労働者の過半数で組織する労働組合等と書面による協定（いわゆる三六協定）を締結し、これを所轄労働基準監督署長に届け出た場合において、使用者が当該事業場に適用される就業規則に当該三六協定の範囲内で一定の業務上の事由があれば労働契約に定める労働時間を延長して労働者を労働させることができる旨定めているときは、当該就業規則の内容が合理的なものである限り、それが具体的な労働契約の内容をなすから、右就業規則の規定の適用を受ける労働者は、その定めるところに従い、労働契約に定める労働時間を超えて労働する義務を負う」（平3・11・28最高裁判決、日立製作所事件）とされて、労働者本人の同意はいらないとしていますので、この旨の就業規則の定めが必要です。

なお、無組合企業や少数組合しかない事業場では、「労働者の過半数代表者」を選任し、その者と三六協定を結ばなければなりません。それは、次のいずれにも該当する者とすると要件が定められています（規則六条の二）。

①法四一条二号に規定する監督または管理の地位にある者でないこと
②法に規定する協定等をする者を選出することを明らかにして実施される投票、挙手等の方法による手続きにより選出された者であること

2　時間外労働の協定時間の制限

労基法上の時間外労働時間や休日労働日数については、労使間協定の定めるところによりますが、厚生労働大臣の告示による三六協定の基準限度時間が定められ、労使はこれに適合する協定義務があります。

その内容は、図表7-2のとおりで、①通常労働者、②一年単位の変形制の労働者、について定められています。

3　延長限度基準時間の適用除外――特別条項付協定

厚生労働大臣告示の延長時間の限度基準には、二つの適用除外があります。第一は業種または業務による除外で、建設業、自動車運転者、新技術・新商品の研究開発業務等です。

第二は、特別条項付協定（通称エスケープ条項）による適用除外です。その除外方法は、限度基準の協定を結んだ上で①右の限度時間を超えて延長すべき特別事由（臨時的なものに限る）、

図表7-2　告示による延長時間の限度基準

区分 / 一定の延長期間	通常労働者の場合の限度時間	1年単位の変形制の場合の限度時間
1週間	15時間	14時間
2週間	27時間	25時間
4週間	43時間	40時間
1カ月	45時間	42時間
2カ月	81時間	75時間
3カ月	120時間	110時間
1年間	360時間	320時間

（注）　これ以外に10日，20日といった協定期間の場合の換算の定めもある。

②特別延長の手続き（労使間で協議、通知、承認等一切自由）、③特別延長時間（制限なし）、④特定労働者についての特別延長の回数（一年の半分を超えないこと）、⑤限度基準時間を超える時間の割増率（二割五分を超える努力義務）の五項目について協定し、労基署長に届け出た場合です。

そこでこの特別条項付の協定は、たとえば「時間外労働時間は、一日八時間、月四五時間、一年三六〇時間とする。ただし、納期切迫、機械故障、取引先倒産等特別の事由があるときは労働組合と協議（通知等でもよい）し、月七〇時間、年五〇〇時間まで延長することができる。ただし、一カ月四五時間を超える回数は、各従業員について六回までとする。この延長時間の割増率は二割五分増とする」等となります。この協定をした場合には、この例では、各労働者に対して一般限度時間の月四五時間、一年三六〇時間を超えて一年のうち六カ月間は「月七〇時間・年五〇〇〇時間」まで延長できるわけです。また、この延長時間は二割五分を超える割増率とする努力義務が平成二二年四月一日施行の改正労基法で定められ、同時にこの時間はなるべく短縮するよう努力義務が課せられました。この労働時間の「限度基準」（告示）については、加算割増率の協定を含め業種または業務による適用除外があり、それは建設業、自動車運転者、新技術・新商品の研究開発業務等です。

4　休日労働の時間は時間外労働（三六協定時間）に含まれるか

三六協定で定める時間外労働時間は、①一日の延長時間のほか、②「一定期間（一日を超え三カ月以内）」と、③「年を単位」とする三項目です。そのうち「告示」による限度期間は、「一定期間の延長時間」の協定に適用されます（一カ月四五時間・年三六〇時間等）。しかし、この時間外労働時間の中には、法定休日の休日労働時間は含まれません。というのは労基法上「時間外労働」と「休日労働」は明確に区別されており、「時間外労働の時間」と「休日労働の時間」は別個に扱われているので両者の混同はあり得ません。休日労働も事実上は所定外の労働ですが、休日には所定労働時間の定めがなく、所定労働時間の割り振りのできない日だからです。したがって、たとえ休日の始業・終業時刻を超えた労働であっても、あくまでも「休日労働」（労基法三五条）であって、三六協定上の制限は日数のみが該当し、「時間外労働」（同三二条）には該当しません。このため、「休日労働」に該当した労働時間は、一週全体の労働時間の制限の中にも含まれず、また、一カ月六〇時間といった割増率五割以上となる時間外労働時間の中には算入されません。そこで、割増率もその休日（法定休日労働）の労働時間に限り三割五分以上となります。

5　一カ月六〇時間を超える時間外割増率の五割増の改正――中小企業への適用猶予

長時間労働抑制のため、平成二二年四月一日施行の労基法の改正により、法定労働時間を「延長して労働させた時間が一カ月について、六〇時間を超えた場合においては、その超えた時間の労働については、通常の労働時間の賃金の計算額の五割以上の率で計算した割増賃金を支払わなければならない」（三七条一項但書）との条項が加えられました。

したがって、一カ月六〇時間（法定労働時間の一週四〇時間、一日八時間を超えた時間）を超える時間外労働の部分については、五割以上の率の割増賃金を支払わなければなりません。

図表7－3　1カ月の時間外60時間を超えた場合とは

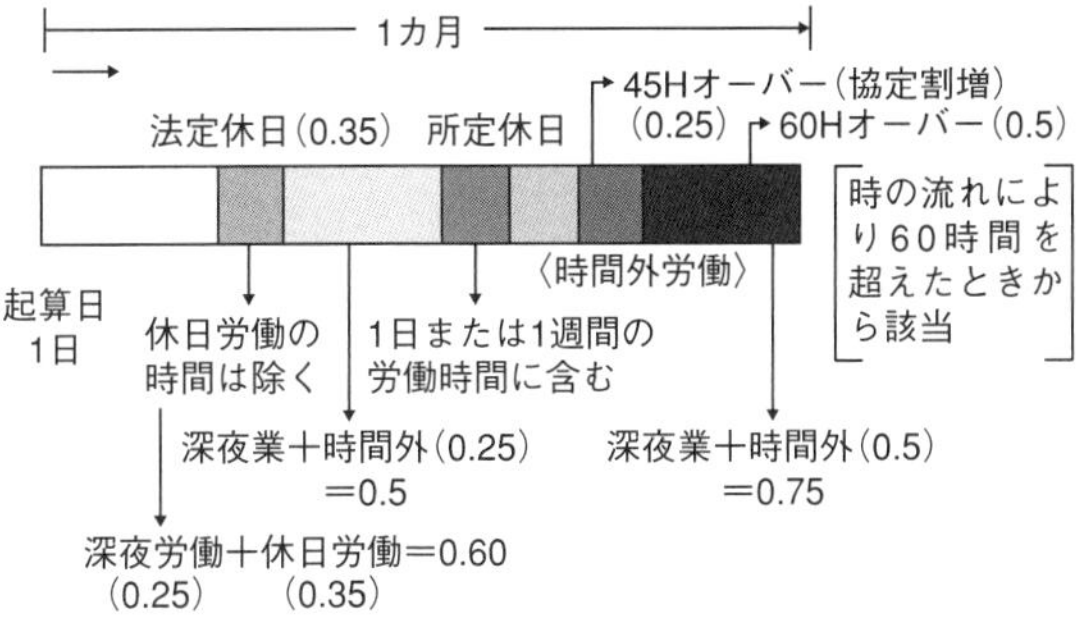

※通常は,「1カ月の法定時間外労働時間-60時間」に1.5を乗ずればよい。
ただし，所定外休日労働につき加算（3割とか3割5分）している場合は複雑となる。

法定休日労働の労働時間は、前述のとおり「時間外労働」には該当しないので、休日の労働時間については三割五分増しのままでよいのですが、「法定休日以外の休日（「所定休日」という）における労働は、それが法定労働時間を超えるものである場合には、『時間外労働に該当する』ため、この『一カ月について六〇時間』の算定の対象に含めなければなりません」（平21・5・29基発〇五二九〇〇一号）。

この「一カ月」とは、暦による一カ月をいうものであり、起算日については、毎月一日、賃金計算期間の初日、時間外労働協定における一定期間の起算日等いずれか特定して定める必要があります。そして、五割増以上となる「一カ月六〇時間を超えた場合」とは、「一カ月の起算日から時間外労働時間を累計して六〇時間に達した時点より後に行われた時間外労働であること」（前記通達）とされています。これは、労働時間というのは時の流れによって計算するからです（図表7-3参照）。

なお、この割増加算率は、中小事業主（その資本金の額または出資の総額が三億円〔小売業またはサービス業を主たる事業とする事業主については五〇〇〇万円、卸売業を主たる事業とする事業主については一億円〕以下である事業主またはその常時使用する労働者の数が三〇〇人〔小売業を主たる事業とする事業主については五〇人、卸売業またはサービス業を主たる事業とする事業主については一〇〇人〕以下である事業主をいう）の事業については、当分の間適用しないとされています（附則一三八条）。

6　一カ月六〇時間超の加算割増の代替休暇

平成二二年施行の労基法改正で、一カ月六〇時間を超える時間外労働に対しては、五割増の割増賃金を支払わなければならないこととなりましたが、この時間に該当する部分（加算割増部分、原則として二割五分）について、労使協定を締結した場合は、六〇時間を超える時間外労働に対して、疲労回復の休養のため、休暇の付与によって割増賃金の支払に代えることができるとの規定が新設（労基法三七条三項）されました。

導入要件は、労使協定で、次の事項を定めることです（規則一九条の二）。

①法三七条三項の休暇（以下「代替休暇」という）として与えることができる時間の時間数の算定方法（加算率を労働時間に換算した時間）

②代替休暇の単位（一日または半日〔代替休暇以外の通常の労働時間の賃金が支払われる休暇と合わせて与えることができる旨を定めた場合においては、当該休暇と合わせた一日または半日を含む〕とする）

③代替休暇を与えることができる期間（延長して労働させた時間が一カ月について六〇時間を超えた当該一カ月の末日の翌日から二カ月以内とする）（図表6-7参照）

なお、「代替休暇取得の意向があった労働者が実際には代替休暇を取得できなかったときには、法三七条一項ただし書の規定による法定割増賃金率の引上げ分の割増賃金について、労働者が代替休暇を取得できないことが確定した賃金計算期間に係る賃金支払日に支払う必要があること」（通達）とされていますので後日追加払いが必要です。

図表7－4　割増賃金率の種類

対象労働の区分	割増賃金率		
時間外労働（法定外休日の労働を含む）（1日8時間・1週40時間超）	限度基準時間以内（1カ月45時間、1年360時間など以内）	限度基準時間を超えて1カ月60時間まで	1カ月60時間を超える法定時間外労働
	25％以上	25％を超える協定とする努力義務	50％以上
深夜労働	午後10時～翌日午前5時　25％以上		
休日労働（法定休日）	当日の午前0時～午後12時（継続24時間の休息等の例外あり）　35％以上		

7　時間外労働など割増賃金の種類

平成二二年四月一日施行の労基法改正により、長時間の時間外労働を抑制する目的で、時間外労働に対する割増賃金率改正などが行われましたが、これによる現在の法定割増賃金制度は図表7－4のとおりです。

8　いわゆる残業自主申告制は適法か

いわゆるホワイトカラーの労働時間については、その成果が必ずしも時間に比例するものではなく、諸外国でも法律による労働時間の規制が工場労働のみに行われているものも多く、もともと労働時間の厳格な規制と管理にはなじまないという性質をもっています。しかし、一方、ホワイトカラー・エグゼンプション制度のないわが国では、ホワイトカラー労働者を含む労働者につき使用者には労働時間の把握・算定義務があります。

この点について、「労働時間の適正な把握のために使用者が講ずべき措置に関する基準」（平29・1・20基発〇一二〇第三号）が次のとおり定めています。使用者が始業・終業時刻を確認し、記録する方法としては、原則として次のいずれかの方法によること。

①使用者が、自ら現認することにより確認し、記録すること。

②タイムカード、ICカード等の客観的な記録を基礎として確認し、記録すること。

③自己申告制により始業・終業時刻の確認および記録を行う場合の措置は次によること。

自己申告制によりこれを行わざるを得ない場合、使用者は次の措置を講ずること。

・　自己申告制を導入する前に、その対象となる労働者及び管理者に対して、労働時間の実態を正しく記録し、適正に自己申告を行うことなどについて十分な説明を行うこと。

・　自己申告により把握した労働時間が実際の労働時間と合致しているか否かについて、必要に応じて実態調査を実施し、所要の労働時間の補正をすること。

・　労働者の労働時間の適正な申告を阻害する目的で時間外労働時間数の上限を設定するなどの措置を講じないこと。また、時間外労働時間の削減のための社内通達や時間外労働手当の定額払等労働時間に係る事業場の措置が、労働者の労働時間の適正な申告を阻害する要因となっていないかについて確認するとともに、当該要因となっている場合においては、改善のための措置を講じ、また、三六協定の延長時間の遵守を確認のこと。

労働時間の把握・算定・管理については、本来は経営管理上の事項ですから、判例上も「従業員の出退勤管理をどのような方法でするかは経営管理権の範囲に属することである」（昭52・8・10東京地裁判決、石川島播磨事件）とされています。そこで、右の「基準」においても残業自主申告制でも、自主性が十分確保され適正な運営がなされているならば労働時間の把握、算定方法として不合理ではなく、一般に認められる方法とされています。

9 自発的残業とサービス残業の問題

最近いわゆるサービス残業ということがいわれていますが、これを厚生労働省では賃金不払残業と呼んでいます。これは、労働者自身が残業しても自発的残業であるとして会社に請求しない時間外労働をいいます。厚労省は、「労働基準法においては、労働時間、休日、深夜業等について規定を設けていることから、使用者は、労働時間を適正に把握するなど労働時間を適切に管理する責務を有していることは明らかである」（「労働時間適正把握基準」）として使用者に国に対する公法上の労働時間の把握を義務づけています。

この場合、部下が自発的に居残り残業をしているのを、上司が、自己申告制だからといって本人に任せて中止を命じていない場合、それが直ちに黙示の残業命令として割増賃金の支払いが義務づけられる（結果説）わけではなく、業務上の必要性、緊急性等の事情と使用者の残業認容意思とを併せて判断しなければなりません（客観説）。すなわち、単に自主的・結果的に居残って残業をしたという事実のみではなく業務上やむを得ない事由があって居残り労働を行ったか否かが問題なのです。

判例上も、「時間外労働といえども、使用者の指示に基づかない場合には割増賃金の対象とならないと解すべきであるが、原告の業務が所定労働時間内に終了し得ず、残業が恒常的となっていたと認められるような場合には、残業について被告の具体的な指示がなくても、黙示の指示があったと解すべきである」（平３・４・22名古屋地裁判決、とみた建設事件）として、黙示の時間外労働を認めたケースもあります。しかし、一方で、「就業開始時刻である午前八時より前に行った労働及び公団職員の退庁後にしたものであっても翌日の就業開始後にすれば足りる後片付け等をした労働は、指示に基づくものとは認められず、自発的な行為」であり労働時間には含まれない（平2・5・30名古屋高裁判決、吉田興業事件）と判示されている等具体的事案の実態に応じて判断されています。

労基法上は、一週間について「四〇時間」、一日について「八時間を超えて、労働させてはならない」と規定されており、単に禁止を命ずるのみではなく、命令等に基づかない残業をしないよう労務指揮をすることであるとされています。

10　満一八歳未満の年少者の労働時間の制限

均等法の改正に伴い平成一一年四月一日からは満一八歳以上の女性について、時間外および休日労働ならびに深夜業の規制が廃止されました。しかし、一八歳未満の者については従来どおり時間外労働・休日労働・深夜業（午後一〇時から翌日午前五時まで）が禁止されています。これらの制限については図表7‐5を参照して下さい。

図表7-5　満18歳未満の年少者の制限

変形労働時間制	すべての変形労働時間制・フレックスタイム制の適用除外（労基法六〇条） ただし、一五歳（達令後の四月一日以降）以上一八歳未満の者については、次の変形制は可能。 ①一週間の労働時間が法定時間内で一週間のうち一日の時間を四時間以内に短縮する場合、他の日一〇時間まで ②一週四八時間、一日八時間の範囲内での一カ月単位の変形労働時間制（労基法六〇条③）
時間外等	時間外・休日労働の禁止（労基法六〇条①）
深夜業	深夜業の禁止（労基法六一条①） ただし、次の場合は許される。 ①交替制によって使用する一六歳以上の男性 ②交替制の事業で行政官庁の許可により、午後一〇時三〇分まで

（注意）満一八歳未満については、これ以外に労基署長の使用許可を受けた新聞配達等一五歳（三月末日）未満の児童についての特別な規定がある。

11　育児・介護者の労働時間等の特例とマタハラの禁止

前述のとおり均等法の改正に伴い満一八歳以上の女性について、時間外および休日労働ならびに深夜業の規制が廃止されましたが、一方、均等法の法理念が「労働者が性別により差別されることなく、また、女性労働者にあっては母性を尊重されつつ、充実した職業生活を営むことができるようにする」（二条）ことにあり、「男女の均等な機会及び待遇の確保を図るとともに、女性労働者の就業に関し妊娠中及び出産後の健康の確保を図る等の措置を推進することを目的とする」（一条）ことから、母性保護については拡充されました。

また、女性労働者の育児や介護に係る家庭責任の状況等から「子の養育又は家族の介護等の事情に関する配慮」を目的とした保護規定も定められました。

現在（平成二九年一月一日施行も含む）の育児・介護労働者の育児・介護休業や労働時間の特例は、図表7-6を参照してください。

なお、これらの母性保護のための妊娠・出産や介護のための休業・休暇や短縮時間などは私的なものですから、有給にすることは義務づけられていません（雇用保険による給付金の支給）。

図表７-６　妊娠から育児までの勤務上の取扱い

妊娠中の労働者	出産後の１年内の労働者	１年経過後の育児中の労働者
・妊娠中の労働者の請求による変形労働時間制の適用制限（労基法六六条①） ・妊娠中の労働者の請求による時間外・休日労働・深夜業の禁止（労基法六六条②③） ・妊娠中の労働者の申出による母子保健指導・健診時間の確保（均等法一二条） ・妊娠中の労働者の申出による保健指導事項遵守のための勤務時間変更・短縮等（均等法一三条①） ・妊娠中の労働者の申出による休憩時間の措置（均等法一三条②） ・産前休業（六週間・多胎妊娠一四週間）（労基法六五条）	・産後休業（八週間・六週間後の請求による就労）（労基法六五条②） ・育児休業（育介法五条） ・子の養育のための請求による所定外労働の免除措置（育介法一六条の八） ・育児休業に代わる育児のための短時間勤務措置（育介法二三条①）困難な場合の時短等の措置（同②） ・産婦の請求による変形労働時間制の適用制限（労基法六六条①） ・産婦の請求による時間外・休日労働・深夜業の禁止（労基法六六条②③） ・生後満一年未満の子を養育する者の請求による育児時間の付与（労基法六七条） ・産婦の申出による症状等の医師の保健指導による勤務時間の短縮等の措置（均等法一二条・一三条）	・両親とも育児休業（パパママ育休プラス）のときは一歳二カ月まで（育介法九条の二） ・一歳六カ月まで、又は二歳までの所定事由ある場合の育児休業の延長（育介法五条③④） ・三歳に達するまでの子の養育のための所定時間外労働の免除措置（育介法一六条の八） ・三歳に達するまでの子の養育のための所定労働時間の短縮等の措置（育介法二三条①） ・三歳に達するまでの子の養育のための右措置困難の場合の時間短縮等の措置（育介法二三条②） ・三歳から小学校就学の始期までの子の養育のための育休に準ずる措置、時短等の努力（育介法二四条①） ・小学就学の始期までの子の養育の必要な労働者の請求による時間外労働の制限（育介法一七条①） ・小学就学の始期までの子の養育の必要な労働者の請求による深夜業の禁止（育介法一九条） ・小学就学の始期までの子を養育する労働者への看護休暇の付与（育介法一六条の二）

次に家族介護のための介護休業その他勤務上の取扱いについては、「介護離職ゼロを目指して」改正が行われ、現在（前同様）の特例は、図表7－7のとおりとなっています。

図表7－7　要介護家族の介護のための勤務上の取扱い

- 対象家族一人につき合算した九三日を限度に三回までの分割介護休業（育介法一一条、一五条）※
- 介護の必要な労働者の請求による所定外労働の免除（育介一六条の九）※
- 介護の必要な労働者で介護休業していない者の請求による連続三年以上の期間の所定労働時間の短縮等の措置（育介二三条③④）※
- 介護の必要な労働者の請求による時間外労働の制限（育介法一八条①）
- 介護の必要な労働者の請求による深夜業の禁止（育介法二〇条①）
- 介護の必要対象者の世話のための労働者への介護休暇の付与（育介法一六条の五）

（注）※は平成二九年一月一日から

また、均等法（一一条の二）育介法（二五条）の改正により、事業主は職場において妊娠、出産、産前産後休業等の取得や育児休業、介護休業の取得その他これを支援する措置を利用したことによる不利益取扱いや言動による嫌がらせや利用妨害などを生じさせないように、いわゆるマタハラ防止措置を講ずることが義務づけられ、平成二九年一月一日から施行されます。そのため「事業主が職場における妊娠、出産等に関する言動に起因する問題に関して雇用管理上講ずべき措置についての指針」（平成二八年告示三一二号）など関係指針が定められています。

第8章　休暇の管理と取り扱い

●休暇とは、労働日について就労義務の免除を得た日です。法律上付与が義務づけられている休暇と会社で定めた休暇とがあり、その差異を知った上での適正な管理が必要です。

●休暇の中でも年休は、労働者の希望日にとることができます。職制は事業の正常な運営に妨げのある場合には時季変更権を行使できますが、その適正な調整が大切です。労使協定により時間年休制や計画休暇制も認められます。

●パートタイマーにも年休が適用され、また女性に特有の休暇などもありますので、管理者は法令に違反しないように取り扱わなければなりません。

1　法定有給休暇と会社休暇の違い

休暇とは、労働義務のある労働日について労働者が使用者から就労義務の免除を得た日のことです。この休暇を労働者がとることができる法的根拠については、法律の定めによって発生する法定休暇と、就業規則や労働協約の定めによって発生するその会社独自の会社休暇の二種類があります。これらの休暇を分類すると図表8－1のようになります。

この両者では、法的性質や法律上の取り扱い等において大きな差異があり、特に年次有給休暇においては法的な効力の違いが著しいので、この点を十分理解する必要があります。

両方の年休を有する労働者から、単純に年休の請求があったときに、どちらの年休を優先させるかという問題があります。労働者の方でどちらの分を取得するのかの指定がなかったときは、年休付与義務を負っている債務者である会社の方で指定できます（民法四八八条一項）が、両当事者とも指定をしなかったときは、法定休暇が優先となります。

また、休暇に類似したものとして育児や介護の「休業」がありますが、これは一定要件を充足した場合の自動的な労働義務の免除を指し、これらの休業も労基法では「休暇」の一種とな

図表8-1　休暇の分類

区分	休暇の名称	発生要件	日数	根拠
法定休暇（必ず付与）	年次有給休暇	初年度 ①6カ月間継続勤務 ②全労働日の8割以上出勤 翌年度以降 ①雇入れの日から1年6カ月継続勤務1年で1日増加 ②継続勤務期間1年につき全労働日の8割以上出勤が発生要件。その後3年6カ月目からは2日増加	初年度に10日，翌年度より継続勤務年数1年に1日または2日ずつ増加。最高20日2年間有効（ただし平5.9.30以前入社者は従来どおり）所定労働日数の少ない者には比例日数による付与	労基法39条
	産前・産後休暇	①産前の女性（出産予定の女性） ②出産後の女性	産前6週間（多胎妊娠14週間） 産後8週間	労基法65条
	生理休暇	生理日の就業が著しく困難な女性	必要な時間または日数	労基法68条
会社休暇（設けるか否か自由）	会社有給休暇	法定年次有給休暇に準ずる	所定日数	就業規則労働協約その他
	慶弔休暇	就業規則等に定める結婚，葬儀等	同上	同上
	病気災害・ボランティア休暇	就業規則等に定める業務上または業務外の傷病・災害・その他	同上	同上
特別休業（育介法）	育児休業	育介法に定める子の養育要件該当	子が1歳（1歳2カ月・1歳6カ月・2歳の例外）まで	育介法5〜9条
	介護休業	育介法に定める家族の介護要件該当	対象家族に3回合算93日	育介法11〜15条
	看護休暇	小学就学までの子の負傷・疾病・予防	毎年度5日（対象者2人以上10日・半日単位可）	育介法16条の2
	介護休暇	介護対象家族の世話（小規模事業適用猶予）	毎年度5日（対象者2人以上10日・半日単位可）	育介法16条の5

図表8-2　休暇の法的な効力の違い

項目／区分	付与根拠	休暇の成立	承認の要否	取得事由の記入	手続きの制限	単なる繁忙理由による拒否	有効期間中の買い上げ	有効期間一年の制限
法定年次休暇	労基法	労働者の指定	否	否	否	否	否	否
会社休暇	就業規則等	労働者の請求	要	要	可	可	可	可

ります。さらに「休職」は、労働者側の就業困難事由の発生による人事上の処分としての就労義務の免除を意味します。

　法定有給休暇と会社がその基準などを上回って付与している休暇とでは法的効力に大きな違いがあります。この両者の違いは、図表8-2のとおりです。

2　年次有給休暇の発生要件

　労基法三九条は「使用者は、その雇入れの日から起算して六箇月間継続勤務し全労働日の八割以上出勤した労働者に対して、継続し、又は分割した一〇労働日の有給休暇を与えなければならない」（一項）と定めています。したがって、新入社員には入社時に年休は発生せずゼロで、六カ月勤務後です。

　労基法は「有給」の「休暇」であるため、その企業への勤続に対する報奨ないし功労という面も加味し、使用者は一年六カ

図表８－３　勤続と年休日数

６カ月経過日から起算した継続勤務年数	加算労働日	付与日数
１年	１労働日	11 日
２年	２労働日	12 日
３年	４労働日	14 日
４年	６労働日	16 日
５年	８労働日	18 日
６年以上	10 労働日	20 日

月以上継続勤務した労働者に対しては、平成一一年四月一日施行の法改正で「継続勤務年数の区分に応じ図表８－３に掲げる労働日を加算した有給休暇を与えなければならない」（同条二項）とされました。

このため、入社後、六カ月を経過した者は一〇日、それから（当該六カ月を経過した日から）二年間は毎年一年勤務ごとに一日ずつ加算していき、三年後からは毎年二日増加し、六年六カ月後には付与日数が二〇日となり、それ以降は加算とならず毎年二〇日の日数が付与されます。

なお、平成六年四月一日施行の法改正で勤続六カ月で付与されるようになりましたが、それ以前の四月一日の定期採用者の基準日は四月一日、それ以降は一〇月一日と法律上は「二本立て」の基準日となっています。

そこで、基準日の統一をするには、法定基準日以前に前渡しする方法によるべきことが通達（平６・１・４基発一号）されています。

3　労働日数の少ない労働者への年休比例付与

所定労働日数が通常の労働者と比べて少ないパートタイマー、臨時等の労働者に対しても、六カ月以上継続勤務し、全労働日の八割以上出勤した場合には、所定労働日数に応じた年次有給休暇を付与することが法制化されています。すなわち、

①一週間の所定労働日数が五日以上または年間所定労働日数が二一七日以上

②所定労働日数の長短にかかわらず、一週間の所定労働時間が三〇時間以上の者

については、通常の労働者としての年休（最低一〇日）が発生しますが、

③一週間の所定労働日数が四日または年間所定労働日数が二一六日以下の者（ただし、所定労働時間数が週三〇時間未満の者）

については、通常労働者と対比した、比例的な日数の年次休暇が制度化されています（労基法三九条三項、規則四条の三）。この比例付与すべき年次有給休暇の日数は、各人の所定労働日数と継続勤務年数とに応じ、図表8－4のように規定されています。よく〝パートタイマーには年

図表８－４　パート等労働日数の少ない者の年休日数

週所定労働日数	１年間の所定労働日数	勤務年数						
		6カ月	１年6カ月	２年6カ月	３年6カ月	４年6カ月	５年6カ月	６年6カ月
４日	169日～216日	7	8	9	10	12	13	15
３日	121日～168日	5	6	6	8	9	10	11
２日	73日～120日	3	4	4	5	6	6	7
１日	48日～72日	1	2	2	2	2	3	3

（注）平成５年９月30日以前に雇い入れられた労働者については、勤続年数を従来どおり１年、２年～として適用。

休がない〟ということを聞きますが、右のような要件を満たすパートタイマーには年休が発生するのです。

４　期間雇用のパートと「継続勤務」

所定労働日数の少ない者の年休の発生要件も、「六箇月間継続勤務し、全労働日の八割以上出勤した」場合（労基法三九条一項）であり、全労働日とは、本人と使用者との労働契約において働く日と契約して定めている日である「所定労働日」のことです。一年間継続勤務し、その八割出勤という場合の「継続勤務」については、次のように通達されています。

「継続勤務とは、労働契約の存続期間、すなわち在籍期間をいう。継続勤務か否かについては、勤務の実態に即し実質的に判断するものであり、次に掲げるような場合を含むこと。この場合、実質的に労働関係が継続している限り勤務年数を通算する。

①定年退職による退職者を引き続き嘱託等として再採用している場合（退職手当規程に基づき、所定の退職手当を支給した場合を含む）。ただし、退職と再採用との間に相当期間が存し、客観的に労働関係が断絶していると認められる場合はこの限りでない。②労基法二一条各号に該当する者でも、その実態より見て引き続き使用されていると認められる場合、③臨時工が一定月ごとに雇用契約を更新され、六カ月以上に及んでいる場合であって、その実態より見て引き続き使用されていると認められる場合、④在籍型の出向をした場合、⑤休職とされていた者が復職した場合、⑥臨時工、パート等を正規職員に切替えた場合、⑦会社が解散し、従業員の待遇等を含め権利義務関係が新会社に包括承継された場合、⑧全員を解雇し、所定の退職金を支給し、その後改めて一部を再採用したが、事実の実体は人員を縮小しただけで、従前とほとんど変わらず事業を継続している場合」（昭63・3・14基発一五〇号）。

パートタイマー等の期間雇用者であっても、雇用契約が更新され、右のように事実上中断なく雇用関係が継続している場合には、たとえ雇用契約は期間満了のたびに終了し再契約しているとみられても、事実としては会社と当該パート等との労働関係は中断することなく続いているのですから、継続勤務に該当します。

問題は、雇用期間が満了した後、次の雇用契約の締結までの間に期間をあけている場合に、〝空白〟期間があるので、中断し、雇用関係は断絶していると認められるか否かです。この点は、一般に〝一カ月〟といわれていますが、空白期間の長さ、次の再更新雇用の約束の有無、仕事の内容、性質、そのような更新の回数、当事者の意識や合意の内容等、総合的、客観的に判断しなければなりません。

5　時間単位休暇の新設

従来は、年休は一日が単位で、これを時間に分割する付与は認められませんでした。しかし、時間単位の取得希望の労働者も多く、育児・介護など仕事と生活の調和の観点もあり、平成二二年四月一日施行の改正労基法で時間を単位として付与する年休制度が新設されました。

それは、過半数労組、それがないときは過半数代表者と次のような労使協定を結ぶことにより、取得年休日数のうち五日分に限って時間分割取得が可能となります（労基法三九条四項、規則二四条の四）。

①時間を単位として有給休暇を与えることができることとされる労働者の範囲（一斉作業が必要な業務等時間単位取得になじまない労働者は対象としなくてよい）
②時間を単位として与えることができることとされる有給休暇の日数（一年で五日以内に限る）
③時間を単位として与えることができることとされる有給休暇一日の時間数（一日の所定労働時間数［日によって所定労働時間数が異なる場合には、一年間における一日平均所定労働時間数］を下回らないものとする。したがって端数は切上げとなる）

そして実施にあたっては、次の点に留意する必要があります。

イ　年次有給休暇を日単位で取得するか、時間単位で取得するかは、労働者の自由選択による。
ロ　労使協定によって取得できない時間帯や所定労働時間の中途取得の制限はできない。
ハ　事業の正常運営の妨げの場合のみ時季変更できる。
ニ　所定労働日数が少ないパートタイム労働者も、五日の範囲で時間単位で取得できる。

なお、従来から認められていた半日単位の取得は、日単位取得の一部なのでこの制度と関係なく認められています。

6　部下の年休の請求と所属長の取り扱い

部下から年次有給休暇の請求があった場合、所属長等、その承認等の権限を有する管理職はどう取り扱ったらよいか問題があります。主要な項目について述べると次のようになります。

①年休はいつでも自由に部下の申し出どおりに与えなければならないか？

年次有給休暇の権利は、法定の要件を満たした場合、当然に生じる権利であって、使用者の承認や就業規則の定めによってはじめて生じるものではありません。

そこで、法定休暇については、「使用者は、有給休暇を労働者の請求する時季に与えなければならない」（労基法三九条五項本文）とされ、同項但書の「請求された時季に有給休暇を与えることが事業の正常な運営を妨げる場合においては、他の時季にこれを与えることができる」という使用者の時季変更権の行使がなし得る要件に該当しない限り、部下の申し出どおりに与えなければなりません。

②休暇の取得について上司の承認を要するか？

労働者が休暇を希望する日を特定して会社に通告することにより年休が成立し、使用者の承認を必要としません。ただし、請求された時季に休暇を与えることが事業の正常な運営を妨げる場合には、使用者（上司）は時季変更ができます。

というのは、使用者の「年次休暇の『承認』または『不承認』は、使用者による時季変更権の不行使または行使の意思表示にほかならない」と判例上されているからで、承認を得ていればその休暇については時季変更権の行使要件はなくなりますが、そうでなければ、休暇日の前日まで使用者の時季変更権の行使があり得ることになります。したがって、労働者は旅行等で長期休暇をとるときは、使用者の承認を得ておくことが必要です。

COFFEE BREAK

社員の慰安旅行と労災

社員の慰安旅行中に航空機事故やバス事故等が起こったとき，労災として保護されるでしょうか。旅行の内容や取り扱いによります。業務上災害として補償を受けるのは，①その社員の慰安旅行が企業の運営上有益で，従業員の労務管理上の必要に基づくものと認められること，②その旅行に参加することが事業主より強制されていると認められること，そのためには㋑その慰安旅行がその事業場所属の労働者の全員が参加して定例的に行われているものであること，㋺旅行期間は通常の出勤と同様に取り扱われ，参加しない者については欠勤として取り扱われるものであること，が必要です。そこで，社員の積立金による自由参加の慰安旅行等は，この要件を満たしませんので，業務上にはならないのです。

③休暇をとる目的を申し出なければならないか？

法定年休は、労働者がどのように利用するか労働者の自由であり、目的が書かれていないからといって与えないというのは違法です。しかし、休暇届けに休暇目的の欄があり、できるだけ書くようにと指導していることはさしつかえありません。なお、判例上は、使用者が時季変更権を行使する場合には休暇の目的により緊急性、必要性の程度を考慮することができるとされていますので、労働者は必要であれば休暇目的を申し出ておいた方がよいでしょう。

④「二日前までに文書で所属長に申し出ること」等の休暇取得手続きの制限はよいか？

このような休暇取得の手続きの制限は法定年休では原則として認められません。ただし、使用者である所属長に他の休暇申出者等との調整権限がありますので、なるべくそのようにしてもらいたいという努力義務的なものならばさしつかえないのですが、取得手続きを守らないと一切認めないという取り扱いは違法となります。

⑤当日の朝、電話で今日休暇をとりたいと申し出のあったときは？

年休は法律上労働日単位で付与するのが原則で、それは午前零時から午後一二時までの二四時間を意味しますから、当日の朝に今日年休をとりたいとの申し出があっても、それはすでに労働日が開始した後の時期に遅れた休暇請求となります。そこで法定の権利として取得できる事前請求ではありませんので、それが当日の始業時刻前の申し出であったとしても、事後の休暇の振り替えの取り扱いになりますので、⑧を見てください。

⑥遅刻、早退への振り替えなどの分割はできるか？

法定休暇は、時間単位休暇制を導入している事業場以外は、一労働日を単位とするものであり、それ以下への分割は原則として認められません。しかし、半日単位の取得については労働者の当然の権利ではありませんが、これを使用者が認めることは違法にはなりません。時間単位休暇の場合でも、当日の遅刻等への振り替えは事後請求になりますから、労働者の権利ではなく、使用者の承認が必要です。三〇分の遅刻に一時間の年休の充当はできません。

⑦単に忙しいから他の日にしてほしいということを理由とする取得の拒否はできるか？

年休の取得拒否となる時季変更権は、事業の正常な運営を妨げるという客観的な理由がある場合でなければならず、単なる繁忙を理由とする拒否はできません。ただし、労働者に対し仕事が忙しいのでなるべく他の日に変更はできないかと上司が頼むのは、休暇の変更の依頼ですから可能です。

ただし、労働者はその依頼に拘束されません（後述の第7節参照）。

⑧病気欠勤を年休に振り替えてもよいか？

年休は、取得目的が自由ですから病気欠勤のために年休をとることはさしつかえありません。しかし、病欠は事前には分からないのが普通ですから、欠勤した後で年休に振り替えを申し出ることになります。これは事後振り替えですから労働者が権利として求めることはできませんが、使用者の方でこのような振り替えを事後的に認めることは違法とはなりません。わが国の職場では一般にこのような振り替えが慣行的に行われています。

⑨スト目的の休暇は拒否してもよいか？

いわゆる休暇闘争というもので、法定年休を一斉に何割かの労働者が労働組合の指令によって取得することをいいます。判例上、これは労基法の休暇目的に反するので正当な請求ではなく、使用者はこれを拒否してよいとされています。

⑩年休の残日数を買い上げてもよいか？

年休は二年間の有効期間（時効）があり、この期間中に買い上げて年休日数を減らしたり、与えなかったりすることは違法となります。ただし、二年間経過後に、時効消滅する分を買い上げることは禁止されてはおらず、また、退職等のため年休も消滅する場合に残日数を買い上げることも違法とはされていません。しかし、買い上げ制度をとることは取得を制約する動機となりますので、行政指導としては好ましくないとされています。

⑪有効期間を一年とし、年度内にとらないと消滅させ、繰り越しを認めなくてもよいか？

労基法一一五条により二年間の消滅時効が認められており、二年間は有効なので繰り越しを制限することは違法となります。ただし、会社で上回って付与している会社年休は一年で消滅することにしても適法です。このような条件付の付与も自由で有効です。

⑫計画年休は反対する者にも適用されるか？

労基法は、労働者本人が自由にとれる年休日数を五日残し、六日以上の日数分について過半数加入労働組合または過半数代表者との書面協定で計画的に付与する制度を認めています。この労使協定による計画休暇は強制力をもっていますから反対する労働者にも適用されます。

7 「時季変更権」の行使と「時季変更の申し込み」の違い

法定年休は、「事業の正常な運営を妨げる事由」（労基法三九条五項）のない限り、その指定された日に休暇を与えなければなりません。

この「事業の正常な運営を妨げる事由」とは個別的、具体的、客観的に判断すべきものであり（昭23・7・27基収二六二二号）、「その企業の規模、有給休暇請求権者の職場における配置、その担当する作業の内容、性質、作業の繁閑、代替者の配置の難易、時季を同じくして有給休暇を請求する者の人数等諸般の事情を考慮して制度の趣旨に反しないように合理的に決すべきもの」（昭33・4・10大阪地裁判決、東亜紡織事件）です。

そこで、具体的には使用者がその申し出につき付与を拒否できる事由は単なる繁忙ではなく、一時に多数の申し出があったり、風邪等で多数欠勤していたり、余人をもって代え難い重大な業務のあるとき等の事業の正常な運営に支障の生じる場合でなければなりませんが、最近の判例では、他に年休取得者が多く、鉄道郵便車の服務の差繰りが困難な場合（昭60・3・11最高裁判決、新潟鉄道郵便局事件）、同様休暇等の欠務が多く許容人員を超え補充措置困難な郵便業務従事者の場合（昭62・2・19最高裁判決、千葉中郵事件）、期末テスト当日、学校長の不承認にもかかわらず年休をとった教諭の場合（昭62・2・19最高裁判決、道立夕張南高校事件）、勤務割りによる勤務体制がとられている事業場で、通常の配慮では代替勤務者の確保困難な場合（平元・7・4最高裁判決、電電関東通信局事件）、三日間の年休につきやむを得ない欠勤者がいて、本人が休むと必要配置人員を欠く場合（平4・1・24最高裁判決、中原郵便局事件）、新聞記者が一カ月間（年休日数二四日）の欧州取材のためとして請求した場合（平4・6・23最高裁判決、時事通信社事件）や、短期間の研修訓練期間中に請求した年休（平12・3・31最高裁判決、ＮＴＴ事件）等について、いずれも「事業の正常な運営を妨げる」事由があるとして、使用者の時季変更権の行使を正当と認めています。

繁忙期に請求されたとき、忙しいので他の日に代えてくれないかと上司が労働者に頼むこともありますが、それが時季変更権の行使という形成権の行使で、拒否権という強制力のあるものでなく、なるべく他の日にしてほしいという上司としての希望の表明ないし「変更の依頼」であれば、法律的には、使用者の「時季変更権の行使」ではなく、会社の労働者に対する「時季変更の申し込み」となりますから、その取り扱いは労使の自由に委ねられます。

この会社の休暇の変更の「申し込み」に労働者が応じて、他の日に年休を変更することは合意による変更ですから問題はありません。実際の職場では、この上司の任意変更の「申し込み」と労働者の「承諾」によって円滑な変更の運営と取得がなされているようです。なお、この上司の時季変更の「申し込み」の場合には、労働者はこれに応じる義務はないので、それに応じなかったときはあくまでも当日は年休日となりますから、「欠勤」とはできません。

８　生理休暇と目的外使用

いわゆる生理休暇については、均等法制定の際、男女平等の観点より廃止が主張されましたが「生理日の就業が著しく困難な女子に対する措置」として使用者は、「生理日の就業が著しく困難な女性が休暇を請求したときは、その者を生理日に就業させてはならない」と規定（労基法六八条）を変更して存続となりました。生理休暇の目的外使用については、「就業困難」という個人的な事情によって休暇が認められますので、目的外で生理休暇を請求するような事実が判明したときには、使用者は休暇を取り消して欠勤として懲戒処分してもさしつかえありません。判例でも、生理休暇の要件を具備しないのに生理休暇を取得する旨連絡して、深夜遠隔地へ長時間かけて旅行し民謡大会に出場したバスガイドは懲戒処分に該当する規則違反としています（平８・４・17盛岡地裁判決、岩手県交通事件）。

しかしながら、個人差が大きいため、形式的に判断することは許されません。またその請求にあたっての証明も「医師の診断書のような厳格な証明を求めることは許されない」（昭23・５・５基発六八二号）ので、このような点を考慮して慎重に判断しなければなりません。生理日に過激なスポーツをしていたり、遠方への旅行に出かけていたといった濫用の疑いのある場合には、事情調査といった方法によるべきでしょう。また、生理日の措置による休暇等については無給であってさしつかえありません（昭63・3・14基発一五〇号）。

第9章　人事考課権限の行使と懲戒処分・指導義務

●人事考課とは、労働者の能力、勤務成績、知識、経験、適性、業務上の成果等を記録・評価して人事管理の資料とするものです。
●現在は、従来の年功序列賃金から能力給、職能給等へ転換しており、人事考課が賃金の決定上も重要になっています。管理職には公正考課義務があり、そのための要件や手続きを守ることが大切です。
●管理職の部下指導にあたっては、人事考課を生かし指導教育にあたるとともに懲戒処分や教育上の措置を行う必要がありますが、労働者のプライバシーにも配慮しなければなりません。
●管理職としてリストラに際し希望退職に応じるよう退職勧奨する場合もありますが、社会通念上の限度を超えないよう留意する必要があります。

1　人事考課とは

職制の立場に立つと部下の人事考課を行うことも多くなります。人事考課とは「労働者の現在もっている経験、能力、適性などの属性、ならびに過去における職務についての実績などを評価記録し、人事管理のための資料とすることである」（労働省労働基準局賃金福祉部監修『最新賃金辞典』）というのが、一般的な考え方です。

また「勤務評定」「考課査定」「能力考課」などいろいろの言葉で呼ばれていますが、要するに従業員の能力・勤務成績・適性等労務提供に関する諸要素を評価記録する人事管理上の行為をいい、これを計画的、組織的、継続的に行い、制度化したものを「人事考課制度」と呼びます。

この人事考課制度の目的については「労働者の適正配置、指導、矯正、試用期間経過後の本採用に際しての基本給の決定、昇給、昇進、賞与額の決定、表彰、懲戒などに利用され、公正な人事管理に基礎的な資料を提供する。さらに、この制度を採用することによる効果は、監督者をして部下に対する注意を喚起し、個々の労働者の勤務意欲を高めるともいわれている」（前掲『最新賃金辞典』）とされています。

人事考課の目的等についてはいろいろと実務書に説かれていますが、これをまとめると、

①賃金管理……賃金の決定、昇給、賞与等
②職務配置管理……配置転換、昇格、昇進等
③教育訓練管理……教育訓練、部下指導、能力開発等

の適正な管理に資することにあります。

そして、今日では、右の①、②、③を組み合わせた「職務給」（職務そのものの価値を評価し、これによって賃金を決める制度）、「職能給」（職務が必要とする能力、すなわち職務遂行能力によって賃金を決める制度）、「能力給」（労働者の能力を評価し、それに応じて賃金を決める制度）、「職能資格給」（能力格付資格による職務等級を設け、それに応じて賃金を決める制度）といった総合的な人事制度を採用する企業も増えてきました。これらのいわゆる「仕事給」は、労働者個人の職務、職務遂行能力、勤務実績等の要素が中心となるので、その基礎的資料を得るためにはどうしても「人事考課」制度が確立されなければなりません。

2　人事考課は人格権を侵害するか

人事考課は「人間が人間を評価するのだから人間の人格の尊厳を害し、不当に隷属させるものであって人格権を侵害する」ので違法であるとか、「上司たる考課者の主観によって評価し、職場の労働者の分裂と差別支配を意図し、不当な競争の原理を持ち込み、労働者の団結権を弱体化させるもので違法である」といった主張がなされることがあります。

しかし、人事考課制度はむしろ「仕事や能力に応じた」公正な賃金の決定と能力に合致した昇進と教育の機会均等や適正配置を目的とした近代的な人事管理のために行われるものです。

その評価はたしかに人間が人間を評価するものですが、全人格自体を問題とするものではなく、提供される労働力に関連する能力、勤務態度、知識経験等を対象にして行うものです。労働力の担い手としての労働者人格とは切りはなせないものであっても、あくまでも労務提供に関連する肉体的・精神的な能力、その発揮方法（手腕）、その基礎となる情意等であって、判例でも、「労働者の労働力の評価についていえば、（中略）知能、性格、教養ないし器量いかんが労働力の価値を大きく決定する。したがって、これを推知すべき事項は、労働力の評価に当然必要となるべきものといわなければならない」（昭42・４・４東京地裁判決、富士通信機事件）とされているのであり、これは適法な使用者の権限行使なのです。

使用者が、従業員の配置、異動、昇進、昇格等の人事権の行使を的確、公正に行うためには、まず従業員の保有する能力・適性を評価、識別し、それぞれ適当な部署に配置し、あるいはより高い職務を遂行し得る能力・適性があると判定した場合には、それに応じた職位や資格を与えるため、昇進、昇格を行う必要があります。

そして、従業員がそれぞれの職務を通じてどのように能力を発揮し、勤務成績をあげているかを判定し、それに応じた昇給や賞与を考慮することが必要となり、さらには、従業員が能力を十分発揮せず、勤務成績をあげていない場合には、その従業員の能力・適性に問題があるのか、勤務態度ないし勤務意欲に問題があるのかなどを判定して、教育訓練をほどこす必要が出てきます。

このような目的のため従業員の能力・適性あるいは能力の発揮度もしくは勤務態度や勤務成績を評価、判定するものが人事考課であり、したがってこれは使用者の人事権の一部なのです。

3　使用者の公正考課義務とは

人事考課は使用者の人事権の一部で、使用者の専権裁量に委ねられているものです。だからといって不公正で恣意的な人事考課が許されないことはいうまでもありません。

この点について「なるほど考課査定の採用、その運用等については、会社の専権事項であるにしても、それは会社の主観や恣意に委ねられるべきものではなく、明確なる査定基準を設けるなど、公平かつ適正に実施すべきものであることはいうまでもないことである」（昭43・7・26大阪地労委決定、富士輸送機工業事件）とか、「被告会社の昇給査定は、その裁量権の範囲を超えまたはその濫用があった場合には、違法であると解される」（昭54・12・11東京地裁判決、セーラー万年筆事件）とされているのです。

そこで、使用者には「公正査定義務」が労働契約上の信義則（労契法三条四項）、権利濫用の禁止（同条五項）、公序良俗（民法九〇条）等の趣旨から発生するのです。

それは、「一般的にいって、職務の性格その他の事情のため出来高払い式の賃金体系を採用できない使用者の場合は、考課査定制度を採用することにより賃金を決定したいという意欲にかられることとは十分理解できるのではあるが、これは一面その運用において使用者が恣意に陥る危険性があり、労使紛争の原因となりやすいものである。したがって、この制度を採用しようとする使用者は、考課査定がいささかも恣意にわたることのないよう明確な基準を設け、公正を疑われることのないよう万全を期すべきである」（昭46・12・1大阪地労委命令、圓井製作所事件）とされています。

そして、考課査定項目には、欠勤、遅刻、早退、生産高、販売実績、契約件数等のように明白に回数、金額、時間等、数字で算定されるいわゆる客観的評価項目と、協調度、執務態度、責任感、積極性、職務専念度、指導性、将来性、正確性、迅速性、規律性、判断力、企画力、折衝力等々の人物、行動、態度、能力等の数字で算定できないいわゆる主観的評価項目がありますが、この「主観的評価項目」については、慎重な考課が行われないと考課者の主観的判断によって左右されがちで、公平さが疑われる結果となります。

この「主観的評価項目」の公平さの確保については、主観性が混入することは不可避ですが、できるだけ査定者が公正・客観的に実施するように工夫をした客観的・合理的制度を設定し、考課基準を明確にし、かつこれを公正に運用することによって、このような不公平を極力防止するよう努力することが必要で、これは使用者の考課権限に内在する公正考課義務です。

4　人事考課の公正実施の要件

人事考課にあたっては、恣意的な考課がなされやすいので、的確かつ公正な査定が行われるような査定制度を確立しなければなりません。通常、公正な人事考課の実施には次の要件を充足すべきと思われます。

①考課項目（要素）を明白に定めること

人事考課の公正さを担保するためには、まず人事考課査定項目（要素）を明確化しなければなりません。これがなければ、何を対象にどのような点に着目して考課査定するのか不明白となり、公正さに疑問をもたれることになります。したがって、まず第一に考課項目を明白にして評定者に示しておくことです。

なお、この考課項目を従業員に周知するか否かは企業の自由です。

②評定方法（観察方法）を確立すること

定められた考課項目をどのような方法、どのような観点から観察・把握して評価するかについて考課者に統一した方法ないし態度がないと、考課者ごとに着目する観点が違ってしまい、公正な考課はできませんから、観察・評定の方法を確立しなければなりません。

③考課評定基準を明確化すること

人事考課にあたっては、各考課項目（要素）ごとに、その良否・評点等の判定基準が必要です。これが明白でないと考課者の恣意的基準によりまちまちのモノサシで考課することになり、統一した評価は不可能となります。「評価の基準が明らかでない以上、その査定結果が客観的にみて公正といえるかどうかは、重大な失策であるとか、よほどの勤務態度不良であるとかいう場合は別として、当該組合員の勤務態度のみを論じても判断はしがたい」（昭47・12・27大阪地労委命令、西岡貞事件）ことになりますので、評価のモノサシとなる考課基準が必要となるのです。「創造力」「職務意欲」「適応性」など主観的項目も経験則に基づく妥当性が必要です。

ただし、このモノサシである考課基準は、考課者に対しては明示する必要がありますが、従業員に明示するかどうかは労務政策の問題であり、企業の自由です。

④考課基準を合理的なものとすること

考課項目および考課評定基準が明確化されても、そのモノサシの内容自体が不合理なものであっては公正な考課とはいえませんので、考課基準の合理性が重要です。

たとえば、「生産貢献度」という項目について、会社側は単位時間および単位期間当たりの仕事の量によって採点するという考え方だったものの、その仕事の量を測定する場合の基準が必ずしも明らかにされておらず、具体的にどのように評価をするのかという点もはっきりしていなかったということから、合理性がないと判断されているケース（昭47・3・10大阪地労委命令、吉田鉄工事件）からみても、考課査定基準の内容の合理性が要求されます。

⑤考課査定者を適正な者とすること

人事考課にあたっては、考課者の主観が入りやすいので、考課者についても公正な考課ができるような制度をとることが重要です。このためには、考課者を複数制にして第一次・第二次・第三次というように、順次、修正や調整を加えて客観性を高める措置が必要です。

⑥査定が基準どおり公正に運営されていること

いくら合理的な基準であっても考課者が実際に基準どおりの考課をしないと不公正な結果となります。この点につき考課査定にあたっては、㋑考課者は厳正な態度を堅持し、主観・人情・偏見に左右されてはならない。㋺日常の観察および指導により得た資料に基づいて、的確な判断を下すこと。不当に寛大化、または厳格化したり、ある項目に集中化した採点を行ってはならない。㋩考課は職務すなわち仕事を基準とし、職務内容の同等である考課対象者は同一基準で判定すること等が指摘されている（昭50・5・29埼玉地労委命令、日本信号事件）のです。

⑦考課基準運営につき考課者間の意思統一を常に図ること――考課者訓練

人事考課者の間で偏りや見方の差異のないよう、考課実施者間の価値判断基準を統一しておく必要があります。そのために欠かせないのが考課者訓練です。

考課者の考課について「その業務実態を同時に観察し得た考課者が少なかった。その中には考課者自身が自らの判断で記載したのか他の者の判断をそのまま引き写したのか判然としないものもあり」「N労組員を不当に低く評価したり、他方全労組合員を不当に高く評価しているものがあったり、他に通常行われていることを特別視したり」「一つの事実を数項目にわたり重複して評価しハロー現象を生じていること、評価の基準を異にしていること」といった恣意的評価が行われていることが不当と認定（昭55・1・22東京都労委命令、日本航空事件）されており、考課者の意思の統一が必要で、考課者訓練は繰り返し行うことが必要です。

⑧査定結果に著しい偏りがないこと――合理性の検証

実際に行われた査定結果に著しい偏りがあり、不公正の疑いの生ずるものであってはならず、そこで、査定結果の全体的な合理性の検証を怠ってはなりません。特に「査定の結果をみるに、組合員の査定平均額は、従業員のそれを大きく下廻っており、しかも、各時期とも従業員平均に達する査定を受けた組合員は一人を除いて皆無であること（中略）、しかるに組合員と従業員の平均勤続年数を比較してみても、いずれも組合員が上廻っていることは明らかであるのに、逆に査定平均額はいずれの時期においても大きく組合員平均が従業員平均額を下廻っていることは（中略）会社が不当差別を行ったものと推認するほかはない」（昭48・6・15徳島地労委命令、四国放送事件）とされることになってしまいます。

5　年休、生理休暇、産休等の人事考課上の取り扱い

人事考課にあたって問題となるのは、年次有給休暇、生理休暇、産前産後休暇、育児休業その他労基法の定めやストライキ等、労組法上の定める権利行使としての休暇や不就労です。

年休を取得して休んだ日について、精皆勤手当の算定や賞与の支給等で、働かなかったものとみなして取り扱うことは、労基法附則一三六条で「使用者は、第三九条第一項から第四項までの規定による有給休暇を取得した労働者に対して、賃金の減額その他不利益な取り扱いをしないようにしなければならない」と定めており、不利益な評価はできません。

労働者の欠勤、早退、遅刻その他労働者の責に帰すべき理由によるものは、これを当然人事考課上不利益に考課しなければなりません。しかし法令上の根拠に基づく法定休暇等について

最高裁は、人事考課につき「当該制度が、労基法または労組法上の権利に基づくもの以外の不就労を基礎として稼働率を算定するものであれば、それを違法であるとすべきものではない。しかし、当該制度が、労基法又は労組法上の権利に基づく不就労を含めて稼働率を算定するものである場合においては、基準となっている稼働率の数値との関連において、当該制度が、労基法又は労組法上の権利を行使したことにより経済的利益を得られないこととすることによって権利の行使を抑制し、ひいては右各法が労働者に各権利を保障した趣旨を実質的に失わせるものと認められるときに、当該制度を定めた労働協約条項は、公序に反するものとして無効になる」（平元・12・14最高裁判決、日本シェーリング事件）としています。

そこで、このような判例や労基法などの趣旨から考えますと、年次休暇、生理休暇、産前産後休暇、育児・介護休業、労災休業、適法な同盟罷業（ストライキ）等については、正当な権利の行使ですから、これを労働者の責に帰すべき不就労として不利益に考課することは許されないと思われます。

なお賞与の支給について産前産後休業を欠勤として扱い、「出勤率九〇％以上でないと賞与を支給しない」とする「九〇％条項」は、労基法六五条および育介法一〇条の趣旨を実質的に失わせると認められた場合に限り無効とし、不就労期間分の不支給を超える不利益は無効とされています（平15・12・4最高裁一小判決、東朋学園・高宮学園事件）。

6　妊娠、出産等による軽易業務転換等の考課上の留意

最近の人事考課や処遇上の問題として、婚姻、妊娠、出産等を理由とする不利益取扱いの禁止等があります。すなわち、均等法九条三項は、「事業主は、その雇用する女性労働者が妊娠したこと、出産したこと、労働基準法第六十五条第一項の規定による休業を請求し、又は同項若しくは同条第二項の規定による休業をしたことその他の妊娠又は出産に関する事由であって厚生労働省令で定めるものを理由として、当該女性労働者に対して解雇その他不利益な取扱いをしてはならない」と定めています。この点に関し、妊娠中の女性労働者について軽易な業務への転換をする際に降格した措置が均等法九条三項に反するか否かが争われた事件について最高裁が「同法九条三項の規制が設けられた趣旨及び目的に照らせば、女性労働者につき妊娠中の軽易業務への転換を契機として降格させる事業主の措置は、原則として同項の禁止する取扱いに当たるものと解される」とし、①上記措置により受ける有利な影響、不利な影響の内容や程度、上記措置に係る事業主による説明の内容その他の経緯や当該労働者の意向等に照らして、

当該労働者につき自由な意思に基づいて降格を承諾したものと認めるに足りる合理的な理由が客観的に存在するとき、または②事業主において当該労働者につき降格の措置をとることなく軽易業務への転換をさせることに円滑な業務運営や人員の適正配置の確保などの業務上の必要性から支障がある場合であって、その業務上の必要性の内容や程度および上記の有利または不利な影響の内容や程度に照らして、上記措置につき同項の趣旨および目的に実質的に反しないものと認められる特段の事情が存在するときは、同項の禁止する取扱いにあたらない（平26・10・23最高裁一小判決、広島中央保険生協事件）し、本件は原則として不利益にあたるとしたことから使用者の対応に極めて慎重な取扱いが求められるようになりました。そして、妊娠・出産等の事由を契機として、あるいは育児休業の申出又は取得をしたことを契機として不利益取扱いが行われた場合は、原則として妊娠・出産等を理由として不利益取扱いがなされたと解されるものであることとされました。

なお、「契機として」については、「基本的に当該事由が発生している期間と時間的に近接して当該不利益取扱いが行われたか否かをもって判断すること。例えば、育児時間を請求・取得した労働者に対する不利益取扱いの判断に際し、定期的に人事考課・昇給等が行われている場合においては、請求後から育児時間の取得満了後の直近の人事考課・昇給等の機会までの間に、指針に定める不利益な評価が行われた場合は、『契機として』行われたものと判断すること。」（平27・1・23雇児発0123第1号）と通達されています。そして、前記最高裁判例に従い、「円滑な業務運営や人員の適正配置の確保などの業務上の必要性から支障があるため当該不利益取扱いを行わざるを得ない場合」や「当該労働者が当該取扱いに同意している場合」の要件については、その合理的な理由が客観的に存在するときに限る旨の厳しい例外要件が同通達で定められていますので、人事考課や人事上の処遇について注意しなければなりません。

7　人事考課と組合活動

人事考課にあたって留意すべきことは、組合活動との関係です。勤務時間内の組合活動による不就労、時間外労働拒否、争議行為としての業務拒否、組合休暇の多発、職場内抗議活動その他集団的対抗関係は、ともすれば会社への貢献を欠き、業務阻害となり、協調性・責任性等を欠くことになるので、不利益な査定が行われることは否定できないところです。

しかし、その場合でもそれが正当な組合活動として認められるものについては、労働者の権利として保障されたものですから、それをもってマイナスに評価することはできません。したがって、正当なストライキによる不就労、正当な組合活動と認められる職場離脱、執行委員として承認されている団交参加のための不就業、正当な組合指示による残業拒否等、労組法上正当と認められている労働者の権利行使を不利益に査定することはできません。問題はこのような組合活動が多いため結果的に同僚労働者より技術、能力、知識等が劣るようになり熟練度も低いといった労働者については、他の労働者よりも評価が劣ることになりますが、それが客観性のある公正・妥当な評価結果であれば正当で当然の評価といえます。さらに職場の労働者に関しA・B・Cというような相対評価をするとき、組合活動が多かったため技能能力の習熟や目標達成が遅れたことから低順位となったといった場合は、組合活動を嫌悪する不当労働行為意図はないので、客観的な差であれば不当とはいえません。

そこで、組合活動の活発な労働者とそうでない労働者がいて、組合活動を使用者が嫌悪したため人事考課結果が低いのか、本人の労働能力や生産性が低いためにそうなったのか、不当労働行為（労組法七条）の問題が生じてきますので、人事考課の公正さを確保する必要が生じてきます。そのためには、前述の八項目の要件を整え、全体で不公平のないよう考課者の主観に大きく左右されることのない制度的な保証を設ける必要があります。

なお、賞与の考課の場合は、賞与は当期業績の獲得寄与の程度や収益配分の性質をもっていますので、これら分配上の公平性等からみると、実労働日数や実労働時間数により考課差の生ずることは、結果として組合活動により実労働時間の少ない者には不利益となりますが、不合理とはなりません。

正当な組合活動を不利益に評価してはならないわけですが、人事考課にあたって管理者の注意すべきことは「考課者は厳正な態度を堅持し、主観、人情、偏見に左右されてはならない」（昭50・5・29埼玉地労委命令、日本信号事件）ということです。組合から不当労働行為が指摘された場合、所属長が労働者本人に考課内容を堂々と説明し、「君はこの点において評価が低いので、今後改善向上してもらいたい」と、労務提供につき改善と向上を求めることができるような態度を日頃から養っておかなければならないといえましょう。

8　部下の懲戒処分と指導教育上の措置

懲戒処分とは「企業秩序の違反に対し、使用者によって科せられる一種の制裁罰である」（昭38・6・21最高裁判決、十和田観光電鉄事件ほか）とされています。

それは、「企業秩序は、多数の労働者を擁する企業の存在、維持のために必要な秩序であるから、使用者は、企業秩序が乱されることを防止するとともに、もし企業秩序に違反するような行為があった場合には、その違反行為の態様、程度等を調査して違反者に対し必要な業務上の指示を与えたり、あるいは業務命令を発し、また就業規則等に基づき懲戒処分を行うこと等によって乱された企業秩序を回復、保持すべき必要がある」（昭52・12・13最高裁判決、富士重工業事件、同旨昭54・10・30最高裁判決、国鉄札幌鉄道管理局事件）からです。

この懲戒処分にあたっては、教育的、予防的見地から懲戒処分の対象行為を就業規則に定め、その遵守を図ることは重要な労務管理であり、また、上司である職制の日頃からの部下の管理と教育指導の状況も重要な情状となります。

使用者が懲戒処分権限を行使して従業員に懲戒処分を科するにあたっては、

①就業規則に該当する懲戒事由であること
②就業規則に定められた処分の種類であること
③行為と処分が均衡していること
④処分手続きを厳守すること
⑤二重処分禁止の原則を守ること

といった原則があります。

ところで、この会社が行う懲戒処分とは別に、あるいはそれに至らない所属長としての注意、指導上の訓戒や訓告といった措置をとることがあり、また、業務上の各種のミス、不始末行為等について、部下の従業員から始末書をとることも行われています。

それは、わが国の企業社会においては、従業員の教育について企業内育成制度がとられており、その中心はＯＪＴにあり、上司は部下を日常の業務の中において指導教育していかなければならないからです。その指導教育方法として注意しても是正できない場合には叱責、あるいは間違ったという事実

COFFEE BREAK

契約主義社会

「その商人の肉１ポンドは，その方のものだ。法廷がこれを認め，国法がこれを与える」との判決が下り，その後，この証文によれば血は一滴も与えていないとクライマックスに至るのは有名なシェークスピアの『ヴェニスの商人』（中野好夫訳・岩波文庫）です。契約は守られなければならないとの厳然たる西欧の社会的基盤をあらわしている戯曲です。

したがって，欧米では上司が部下に注意しなかったから黙示の承認となるといった考え方は通用しません。労使が守るべきことは契約条項で定められており，日本のように安全帽を着用しないで就労しているのを所属長が放置していると使用者が承認したことになるといった考え方はなく，契約条項に反する労働者の不安全行動ですから責任はすべて労働者にあるという契約による労使対等が西欧社会のようです。

を確認した上で、自分自身と上司に対する誓約や行動の反省などの目的で始末書をとることもよく行われています。

このような上司の指導教育方法としての始末書の提出を部下に命ずることは判例上も認められています。たとえば、「各作業員に不安全行為や不始末があった場合、製造長が指導に当たるのは勿論であるが、その際、指導監督の方法として、反省書や始末書といった文書の作成を求めることもあり」「被告会社工場の製缶課の製造長には、その所属の従業員を指導し監督する権限があるのであるから、その指導監督のため、必要に応じて従業員を叱責したりすることは勿論、時に応じて始末書等の作成を求めることも、それが人事考課の資料となるものではなく、また、その作成提出は業務命令の対象となるものではないことが認められるから、必ずしも個人の意思の自由とも抵触を来すものではないというべく、それ自体が違法性を有するものではない」（平2・2・1東京地裁八王子支部判決、東芝府中工場事件）としています。

9　部下の懲戒処分の公表とプライバシー

懲戒処分は従業員の企業秩序違反について科せられる制裁処分であり、企業秩序の維持のために認められています。部下が懲戒処分を受けた場合に、次のようなケースでは、これを公表する必要があるときもよくあります。

それは、①懲戒処分の内容を公表して他の従業員も同じことを行ってはならない（一罰百戒）という部下の指導教育上の必要性、②本人に対して反省を求め再発防止のため（公表による自己抑制）、③販売、仕入れ、金融関係等本人の業務上の対外取引先等が多く、それらの関係者に従業員でなくなったことを告げ（取引上の告知）、取引上のトラブル防止を図る必要性などが認められるときです。

判例でも、「一般に、解雇、特に懲戒解雇の事実およびその理由が濫りに公表されることは、その公表の範囲が本件のごとく会社という私的集団社会内に限られるとしても、被解雇者の名誉、信用を著しく低下させる虞れがあるものであるから、（中略）当該公表行為が、その具体的状況のもと、社会的にみて相当と認められる場合、すなわち、公表する側にとって必要やむを得ない事情があり、必要最小限の表現を用い、かつ被解雇者の名誉、信用を可能な限り尊重した公表方法を用いて事実をありのままに公表した場合に限られると解すべきである」（昭52・12・19東京地裁判決、泉屋東京店事件）とされています。

そこで、懲戒処分の公表については、プライバシーや個人情報の保護の問題もありますので、必要最小限の表現を用い、かつ被処分者の名誉、信用を可能な限り尊重した公表方法を用いて事実をありのままに公表するという心がけが必要です。

一般に公表するのではなく、社員の管理の厳正化と再発防止を目的として職制限りで配布するような場合には、動機、手口、発見の経緯等、ある程度詳しくてもさしつかえありません。

また、部下の横領などについては、事実が判明するまで上司が軽率にこれを横領と決めつけ社内で公言などしてはなりません。判例でも、事実誤認により部下に入金忘れの文書を書かせ、それを上司や同僚に告げたため、会社内に本人が集金を横領したとの風評が一時たったことについて、名誉、信用の毀損として、当該上司および会社の双方に慰藉料の損害賠償が命ぜられた事例（昭54・1・31東京地裁判決、ヤマト科学事件）もありますので注意が必要です。

10　退職勧奨と希望退職への留意

企業のリストラ（再構築）の途上においては、余剰人員対策等に際し、職制の立場として希望退職の募集の促進や退職勧奨を部下に対して行わなければならないこともあります。

「希望退職とは、労働契約を当該労働者と使用者との双方の合意に基づいて解約するものであって（そうであるからこそ、説得や退職条件の優遇がありうるし、自由意思を抑圧しない限り、整理解雇のような厳格な要件を課せられない）、使用者の一方的意思表示による解雇とは、その本質を全く異にするものである」（昭54・11・7松山地裁西条支部決定、住友重機愛媛製造所事件）とされています。

希望退職と退職勧奨（勧告）の両者はいずれも労働契約の合意解約の申し入れなのですが、希望退職が使用者の退職方の誘引（希望退職条件）に対する労働者側からの解約申し入れ（応募）であるのに対し、退職勧奨は使用者側からの解約の申し入れという点で異なるといわれています。

希望退職の募集等をめぐって、使用者側から所属長を通ずるなどして相当強力な退職の勧告がなされる場合もありますが、退職勧奨に応じ労働者が退職願いを提出した場合は、労働契約の合意解約の成立となりますから、「解雇」ではなく、あくまでも任意退職に該当します。

そこで一般には、退職勧告と本人の退職願いの提出ということは法的には別個の行為と解されており、「任意退職の勧告がかりに不法な企図ないし誤った認定に基づくものであるならば、不服な被勧告者は、これに応じなければよいのであり、一旦これに応じて退職願が提出された以上、その提出が承諾となり、又は、承諾期間経過後の故にあらたな申込とみなされて、承諾が与えられ、雇傭契約の合意解約が成立し得ることは、当然であって、反対に解すべきゆえんを知らない。そして、その合意解約が有効か無効かは、別に考察すべき問題であり、任意退職の勧告の不法性が、必然的に合意解約の無効を来たすものではない。むしろ、任意の退職願提出は、合意解約に伴う不利益の受忍とみるべきであって、勧告の不法性を拭い去るものと解すべきである」（昭38・９・19神戸地裁龍野支部判決、播磨造船事件）とされています。

したがって、勧告の経緯にたとえ不法性があったとしても、本人が真意により退職願いを提出した以上は任意退職として有効となります。しかし、まれに自由意思によらず強制された真意に基づかない退職願いであるとして無効とされるケースもあります。すなわち錯誤（民法九五条）や強迫（同九六条一項）、真意でない退職願（心裡留保・同九三条）といった場合に該当するケースです。

なお、退職勧告のために出頭することを職務命令として発し、それも十数回にわたって強硬になされたケースについて、裁判所は、「そのような職務命令が繰返しなされるときには、かかる職務命令を発すること自体、職務関係を利用した不当な退職勧奨として違法性を帯びるものと言うべきである。そして、被勧奨者の意思が二義を許さぬ程にはっきりと退職する意思のないことを表明した場合には、新たな退職条件を呈示するなどの特段の事情でもない限り、一旦勧奨を中断して時期をあらためるべきであろう」とされ、本件は「被勧奨者に心理的圧力を加えて退職を強要したものと認められる」（昭49・9・28山口地裁判決、昭55・7・10最高裁判決、下関商業事件）とし、社会通念上許容される限度を超えているとして不法行為を認定し、慰謝料の支払いを命じています。退職勧奨にあたっては、注意すべき事項です。

11　不適格な部下の解雇

最近の風潮として、上司の指示に従わない自分勝手な社員もしばしばあります。例えば、上司が注意しても体が悪いと十分程度の遅刻を頻繁《ひんぱん》に行い、上司を愚弄《ぐろう》するメールを送付し、奇妙な格好でパソコン操作して職場秩序を乱す社員について、従業員として不適格で会社との信頼関係を破壊したとして解雇が有効とされています（平21・1・30神戸地裁判決、三菱電機エンジニアリング事件）。解雇については、労働契約法で「解雇は、客観的に合理的な理由を欠き、社会通念上相当であると認められない場合は、その権利を濫用したものとして、無効とする」（一六条）とされています。しかし、上司の再三の注意を聞かず命令された業務を拒否し、同僚とも協調しない社員の解雇には、合理性と相当性が認められます（平19・7・26大阪地裁判決、英光電設事件）。

解雇には、社員としての不適格等を理由とする普通解雇と、最も重い懲戒処分として科する懲戒解雇と、経営不振等による整理解雇の三種類があり、それぞれ合理性と社会通念上の相当性を要します。

第10章　職制の言動と不当労働行為

- わが国では憲法により労働者に団結権が保障されており、その具体化として使用者が反組合的行為を行うことを不当労働行為として禁止しています。
- 職制は、経営権の分担行使にあたるものですから、その言動が反組合的意思に基づくものであれば不当労働行為となります。
- 職制にも言論の自由は広く認められており、組合問題についても個人的立場で見解を表明したり、職制として正当な行為を部下に求めることは、原則として不当労働行為にはなりません。

1　不当労働行為とは何か

不当労働行為とは、憲法二八条に定められている勤労者の団結権、団体交渉権、団体行動権のいわゆる労働三権と呼ばれる労働基本権の保障を具体化し、使用者に対しこの労働基本権の侵害行為である一定の類型の行為の禁止を定め、労働組合活動の自由に対する使用者からの不当な干渉や妨害を防ぎ、労働組合の自主的な活動を確保するためのものです。この不当労働行為にあたるのは、労組法七条に定められている次の四つの類型の行為です。

①第一の類型（七条一号）は、労働組合の組合員であること、労働組合に加入し、もしくはこれを結成しようとしたこと、労働組合の正当な行為をしたこと、のいずれかを理由に、不利益な取り扱い等をすることです。

なお、労働組合の組合員であることを雇用条件とする労働協約を結ぶことも含まれます（多数組合とユニオン・ショップ協定を結ぶことはよい）。

②第二の類型（七条二号）は、使用者が、その雇用する労働者の代表者と団体交渉を行うことを正当な理由がないのに拒否し、誠実な団体交渉を行わないことです。

これは、使用者がその主張を受け入れることまでも意味するものではありません。なお、形式的に交渉に応ずるだけで、全然交渉に応じていると認められないような誠意を欠く場合には、団交拒否と同一視されます。

③不当労働行為の第三の類型（七条三号）は、使用者が、労働組合の結成または運営に対し、各種の干渉行為をすること、およびその手段としてよく利用される経理上の援助をすることです。「組合結成」に対する「支配介入」とは、使用者の意を受けた者が中心になって組合を作ったり、組合結成を思いとどまるよう説得したりすることがこれに該当します。「組合運営」に対する「支配介入」とは、組合活動に対する干渉をいい、たとえば組合大会などの行事への干渉、妨害、争議行為の切り崩し、第一組合

用　語　解　説

黄犬契約

黄犬契約とは，使用者が労働者を雇用する条件として労働組合に加入しないことや労働組合から脱退することを契約条件とすることをいいます。これは不当労働行為として禁止されています。

これは米国で yellow-dog contract と呼ばれる，この趣旨の契約の直訳であり，yellow-dog は従順であるとされていることからこの名称が生まれたといわれています。

一方で yellow を黄と訳したのは誤りで，卑劣とか汚いといった訳にすべきであったとの説もあります。そもそも米国にも日本にも黄色い犬などいないではないか，というのです。

と第二組合の理由のない差別待遇などがこれに該当します。

「経理上の援助」の禁止とは、財政面から労働組合の自主性を喪失させるおそれのあることに備えたものであり、たとえば、組合専従者に対する給料の支給、組合大会出席者への旅費の支給、会議に要する費用の支出、ストライキ参加者へのスト中の賃金の支給などがこれに該当します。ただし、使用者との団体交渉や協議時間について賃金を失わないことや、福利厚生基金への使用者の支出および最小限の広さの事務所の供与はこれに該当しません。

④第四の類型（七条四号）は、労働者が、労働委員会や中央労働委員会に対して、申し立てをしたり、挙証、発言等そこにおける各種の行為をしたことを理由に、使用者がその労働者を解雇したりその他の不利益な取り扱いをすることです。

2　職制の行為も不当労働行為となるか

(1)　下級職制の行為

不当労働行為は、使用者による労働者の団結権に対する侵害行為ですから、これが成立するためには、使用者に、組合活動を弱体化させ妨害するという反組合的意図である不当労働行為意思があることが必要です。

使用者とは、それが法人企業である場合には、代表権のある役員や理事といった経営者をいい、その不当労働行為意思とはこれらの者の反組合的意図ということになります。

しかし、この意思は、使用者の心の中の動きです。そこで、使用者自身が告白する以外に本当のことは分からないので、これを厳格に要求するならばその立証は困難となるため、外部的諸事実によって間接的に使用者の内心の意思を推測する方法がとられています。

ところが、経営者である代表取締役や役員自身が労働者に対する労務指揮権限のすべてを現実に行使しているわけではなく、実際には、その権限を分配して各職制に行わせています。そこで、使用者の行為とは、会社から社員の労務指揮権限を分担して行使すべく、権限を分配されている部長、支店長や工場長以下の管理者や、さらにその下部組織としての課長や係長でも部下の労務指揮権限の分配に応じて使用者性が認められることになります。

したがって、これらの者の反組合的な意思に基づき不当労働行為が直接なされたり、これらの者の上申、考課や報告が行われ、それによって使用者の判断がなされたという場合には、たとえ最終決定をした者にその意思がなくても、不当労働行為が成立することになります。

しかし、反組合的な意思がなければ不当労働行為にはなりません。たとえば、組合役員候補者の選考過程に下級職制であり組合員でもある作業長会、工長会が関与し、また、労担班長が人事上の調整を行ったとしても、それは組合役員の人事配置に競合を生じないように、調整をしたということであり、会社が、組合支部役員選挙において、申立人の組合活動を妨害する意思あるいは組合の自主的決定に干渉する意思をもっていたと直ちに結論づけることは困難であるとして、不当労働行為の成立を否定しています（平6・4・27神奈川地労委命令、日本鋼管事件）。あくまでも不当労働行為意思は会社としての意思ですから、会社が、組合の弱体化、組合活動の妨害、組合の自主的決定への干渉を意

COFFEE BREAK

労働組合の不当労働行為

わが国では使用者の行為のみについて不当労働行為として規定されており，労働組合側の不当労働行為については規定されていません。そこで，労働組合側の団体交渉の申し入れを使用者が拒否することは不当労働行為になりますが，使用者の団交の申し入れ，たとえば労働条件の変更や新しい賃金体系の導入などについて労働組合側に申し入れた場合，労働組合側がこれを拒否しても不当労働行為にはならないという片面的な制度になっています。

しかし，この制度の原型である米国では，労働組合側の不当労働行為についても規定されています。使用者の団交申し入れを過半数労働者の組合が拒否することは不当労働行為となります。その他，使用者の権利を不当に抑制したり強制したりすることも労働組合側の不当労働行為とされているのです。

図したという具体的な意思が推認されるような場合でないと不当労働行為とはなりません。

(2) 職制の自主的判断による行為

経営担当者でない下級職制の行為についても、労務指揮権限を会社から委ねられている上級管理者とその権限を分担して行使し、部下を指揮監督している職制については「使用者性」があり、その行為は「使用者」の行為とされます。不当労働行為の成立には「不当労働行為意思」が必要ですが、その意思については、下級の職制が経営者や上級職制の指示を受けて行った場合はもちろんのこと、その意を体し、あるいは経営者の黙示の承認の下になしたと認められるときには、使用者の意思に基づく行為とみなされることは明らかです。

しかし問題は、経営者や経営幹部の者とその職制との間には、何ら意思の連絡や疎通がなく、下級職制が自己自身の判断で行った行為について、それが不当労働行為（反組合的行為）の外形を備えていたとき、使用者の意思によるものとして不当労働行為となるかということです。

一般的には、「当該行為が使用者の意を受けた（体した）行為といえるか」（菅野和夫『労働法』第十一版、九七五頁）という点です。そこで、その職制自身に使用者の利益代表としての反組合的意図があれば、不当労働行為が成立し、使用者が責任を負わねばならないとするのが多数の判例、命令の立場（昭45・12・21東京地裁判決、大分銀行事件ほか）といえます。逆にいえば、下級職制の場合でも使用者としての反組合的意思が認められないときは不当労働行為にはなりません（平6・8・25和歌山地労委命令、住友金属工業事件）。

職制の自主的判断と不当労働行為意思については、使用者の言論の自由が広く認められるようになってきており、職制の率直な意見の表明は、それが組合員である部下に対する誹謗《ひぼう》、中傷、強制、威嚇、不利益、利益誘導、報復等を含まない個人的意見の表明であれば、反組合的意思とは認められず不当労働行為にはあたらない（平8・7・16兵庫地労委命令、サンドビック事件）という方向にあります。

(3) 職制が個人的好意で行った行為

職制が純粋に個人的な立場で私的に行った言動については、使用者的立場ではないので、「使用者の反組合的意思」の存在は認められず、不当労働行為にはなりません。たとえば、身元保証人である課長が、自宅に来訪した自己の縁故によって入社した女子組合員に対し、徹夜で組合問題を論じて組合脱退を勧めた事案について、課長としての地位を利用して課員の一人である旧労働組合の組合員に対し、旧労脱退、新労加入を勧奨し、よって旧労の弱体化を図って労働組合の運営に支配介入したもので不当労働行為であるか否かが争われた事件において、裁判所は、この事案は、その来訪を課長の方から求めたのではなく、本人が来訪したもので平常からその家庭に出入りしていた親しい間柄であったことに着目し、普通の課員対課長という関係を超えた親密な関係を前提として課長の行為を評価するときには、たとえ課長において新労加入を望ましいとする考え方があったとしても、当夜の課長の言動をもって、不当労働行為とはなし得ないとして、その成立を否定しました（昭48・2・8最高裁判決、興人事件）。

また、企業内での支部組合からの脱退者が相次いでいる時期に、上司が夜間電話および家庭訪問をするなどして、支部組合に所属する部下に対し、新組合員と対比するが如き言動を行い、また組合批判を行うことは、発言の内容、時期および方法等からみて、会社の意を慫慂《しょうよう》したもので不当労働行為とされていますが、そのうちの、ある課長の発言については、部下に「酒酔運転防止誓約書」の提出を求めたところ、部下が提出を拒み反抗的態度を示したので「結婚の証人になるなど従前から目をかけてきたつながりの深いところから」、この反抗的態度を心配し、個人的な話だが社長は第二組合の方を認めており、このままだとお前の将来が心配だ、結婚の証人だしお前になにかあると親にあわせる顔がない、父親と相談するため実家へ行くことも考えている旨の発言となったものと認められ、個人的な会話とみるのが相当であり「当時の労使事情の状況を考慮してもなお、部下に対し支部組合からの脱退を慂したものとは認め難」いとされた例もあります（昭58・6・1中労委命令、ニプロ医工事件）。

このようなことからみても、職制としての地位を利用して、組合に対する活動妨害等の支配介入をなす意図がなく、あくまでも個人的な立場における率直な言動や意見の交換であるならば、たとえ組合問題に話が及んだとしても不当労働行為にはならないと解されています。

3　職制の言論の自由と組合活動への見解表明の自由

ある会社では、昔は職場では組合問題には一切触れられない状況で、管理者としては本音の付き合いができず、職場では息が詰まりそうな日々だったという話を聞いたことがあります。この点については元中央労働委員会会長の石川吉右衛門教授が「表現（言論）の自由は、国民の基本的諸人権のうちで、最も基本的なものと考えている。その制限は直ちに暴力の誘発に結びつくといってはいい過ぎであろうか。わが国の労使関係を概観した場合、労働組合は何をいってもよいが、使用者の方はいいたいこともいえないという考え・風潮を認めないわけにはいかない。とくに中小企業においてはそうである」（石川吉右衛門『労働組合法』三六四頁）と批判していたところです。

このように組合問題について管理職が話をすることがタブー視されたのは、終戦直後といった昔のことなのです。今日では判例も変わってきており、使用者は、組合の問題についても、基本的人権である言論の自由の行使として組合や組合員、その他の従業員に対して見解を述べて批判することができます。最高裁も、「思うに、使用者の言論は、労働者の団結権との関係において一定の制約を免れないが、原則的には使用者にも言論の自由は保障されており、労使双方が自由な論議を展開することは、正常な労使関係の形成発展にも資するものということができる。ただ、ここで必要なことは、双方が公正かつ妥当な形で自己の見解を表明することであり、その配慮を欠けば、労使関係の秩序を乱すことにもなりかねない」（昭58・12・20最高裁判決、新宿郵便局事件）としています。

このように今日では使用者側にも言論の自由があり、労使関係の円滑化のためには、むしろ広く言論の自由を認めるべきだという方向になっています。たとえば会社が経営危機に直面してその打開策を従業員に訴える中で、「ストをやれば会社はつぶれる」などと発言しつつストライキの自粛を訴えたことについて不穏当な部分はあるが、全体としては会社の率直な意見の表明の域にとどまるもので不当労働行為ではないとされています（昭57・6・2中労委命令、日本液体運輸事件)。また、新規大卒採用者を郵便局長が自宅に招き歓談中、「郵便事業は三代しなければ一つの仕事を達成できない」のに「労組の闘争主義者はこれを破壊する」と述べ、同席した課長代理は別のU労組への加入届用紙を出して勧誘行為をすると同時に「これは省の正規の組合だ」と述べたこと等につき、「同局長の自宅または執務室で特定の職員に対してなされたもので、その妥当性が疑われることは否定できない。しかしながら、その内容および事実関係に照らせば、右発言をもっていまだ組合の結成運営に対する支配介入に当たるとまでいうことはできない」とし、この「局長の発言の趣旨は、訪ねてきた若い新入職員たちと膝を交えて歓談しながら、先輩の一人として、じっくり腰を据えて仕事をするようにと忠告し激励しようとしたものと認められるから、右の語句のみをとらえて組合の運営に対する支配介入とするのは当を得ない」(昭58・12・20最高裁判決、新宿郵便局事件)と判示しています。

4　組合に正当・適法な行動をするように要求する行為

労働組合が不当・違法な行動を行う場合、会社や職制がこれに対し注意したり、警告したり、処分したりすることは使用者として適法・妥当な権限の行使なので、そのことにより組合活動が制限されたり団体行動が阻止されるという事実があっても不当労働行為にはなりません。

最高裁も、組合が勤務時間に食い込む職場集会を開いたことについて使用者が組合に「警告ならびに通告書」を交付したことにつき、この職場集会の参加者はいずれも業務に支障がない者であり、従前の職場集会で勤務時間に食い込むことがあっても使用者がこれについて警告、注意をしたことはなかったことから反組合意思に基づく不当労働行為であると訴えた事件について、組合は権利のないことをしたので使用者がその義務違反と企業秩序紊乱《びんらん》行為の是正を求めるのだから不当労働行為ではないと判示しています（平元・12・11最高裁判決、済生会中央病院事件）。

それは、「一般に、労働者は、労働契約の本旨に従って、その労務を提供するためにその労働時間を用い、その労務にのみ従事しなければならない。したがって、労働組合またはその組合員が労働時間中にした組合活動は、原則として、正当なものということはできない。また、労働組合またはその組合員が使用者の許諾を得ないで使用者の所有し管理する物的施設を利用して組合活動を行うことは、これらの者に対しその利用を許さないことが当該物的施設につき使用者が有する権利の濫用であると認められるような特段の事情がある場合を除いては、当該物的施設を管理利用する使用者の権限を侵し、企業秩序を乱すものであり、正当な組合活動に当たらない。そして、もとより、労働組合にとって利用の必要性が大きいことのゆえに、労働組合またはその組合員において企業の物的施設を組合活動のために利用し得る権限を取得し、また、使用者において労働組合またはその組合員の組合活動のためにする企業の物的施設の利用を受忍しなければならない義務を負うと解すべき理由はない」（昭54・10・30最高裁判決、国鉄札幌鉄道管理局事件）からであり、従来、「本件のような職場集会について何ら注意したことがなかったとしても、それをもって直ちに病院が労働時間中に病院の管理する物的施設を利用して職場集会を開くことにつき黙示の許諾をしていたということはできないし、病院がそのような職場集会を開くことについて反省を求めることの妨げとなるものでもない」（平元・12・11最高裁判決、済生会中央病院事件）のです。

また争議中のリボン・ワッペン等の着用についても、「かかるリボン着用就労は上司の取り外し命令を拒否する決意のもとに行われ、組合活動目的を客観的持続的に表明し、また、組合員が互いにこれを確認し、会社および他の従業員に示唆する趣旨の精神活動を継続したものにほかならず、業務遂行に必要な円滑な人間関係に対して無用な緊張感、威圧感を与えるものである」（昭52・12・13最高裁判決、目黒電電局事件）とし、そこで、ワッペンを着用して就労した組合員に取り外しを指示し、応じなかった組合員に文書注意を行い、また、組合に対して警告書を発したことは不当労働行為にあたらないとされているのです。このような場合、会社が、事業の円滑な運営の一環として職場秩序を維持していくために必要な諸事項を一般的に規則をもって定め、あるいは具体的に指示、命令することは何ら非難されるべきことではないのです（平３・２・25愛媛地労委命令、丸住製紙事件）。

5　管理職の朝礼・講習会等における組合非難発言

朝礼というのは、通常使用者の指揮監督下において行われる点呼、職務上の注意事項、仕事の指示等の伝達、士気の向上等を目的とするものであって、あくまでも使用者の支配下において行われるものですから、そこで管理職が反組合意思の下に組合やその上部団体を不当に非難することは、その言動の与える影響は大きいものがあり、支配介入として不当労働行為になることが多くなります。しかしながら、事実関係に基づき会社の実情や方針を述べ、それと組合の見解を対比させ会社の意見、希望を表明することは労使の対抗関係上の会社の言論活動として許されています。たとえば、賃上げ要求についての組合代議員会の決議に従って執行部が全店オルグをしている時期に、使用者が組合の賃上げ案を上回る原資を必要とする賃金体系改定案を掲げた「賃金の考え方」なるものを人事部ニュースに発表し、全従業員に配布したことについて、使用者の立案企画に係る人事方針の解説の一環としてなされたもので、反組合的意図に基づくものとは認められないとして不当労働行為にあたらない（昭45・12・21東京地裁判決、大分銀行事件）とされています。

また、講習会等の会社の行事における会社側の者の発言は、業務命令により社員は研修に参加しているものですから、そこでの不当な組合非難等の発言であれば不当労働行為となります（昭40・8・13大阪地労委命令、三菱製紙事件）。しかし、講師の発言については、会社が新入社員教育における非常勤顧問の講義について、内容を指定して依頼するなどあらかじめその内容を予測できたという事情がなく、同人の言動の責めを会社に負わせられないため、支配介入とはいえない（平2・2・21東京地裁判決、オリエンタルモーター事件）とされています。

6　スト準備中の「ストをすれば経営を危うくする」旨の言動

組合が要求貫徹を図ってストライキを準備している時期に、職制が「ストをやれば経営を危うくするし、結局賃上げを不能にし、組合員の求めるところと背馳《はいち》する結果を招来する」旨を述べ、スト中止を呼びかけることがありますが、このように団交が決裂して組合がストに入ろうとするときに使用者が自己の立場を説明して自粛を呼びかけることも、使用者の基本的言論の自由に属しますが、それが組合を威嚇したり組合員間の離反を生じさせるため行われたと認められる場合には支配介入とされ得るのです。

しかし、双方が率直な意見を述べあうことは禁じられてはおらず、たとえば組合のスト通告に対して、工場長がストによって秩序を乱さぬよう、もし秩序を乱したら組合幹部の責任を追及すると発言したとしても、「工場長の発言や社長の声明は、争議時においてはややもすれば誤解を招くおそれがあり、適切な発言や声明であるとはいえないが、これは会社の考えを述べたまでであって、ストライキを切り崩すためのものであったとはいえない」（昭40・3・23長野地労委命令、樫山工業事件）とされており、また、会社が経営危機に直面してその打開策を従業員に訴える中で、「ストをやれば会社はつぶれる」などと発言しつつストライキの自粛を訴えたことは、不穏当な部分はあるが、全体としては会社の率直な意見の表明の域にとどまるとされ（昭57・6・2中労委命令、日本液体運輸事件）、不当労働行為にはならないとされています。

また、社長名で全従業員に対して「社員に訴える」と題する文書を配布し、「労働組合はストライキを計画しておりますが、これが実行されると仕事はなくなり、新しい仕事ももらえなくなります。これは当社にとって致命的な大問題であります。また万一ストライキに突入すれば年末一時金の支給はできなくなることを承知してください。社員一同はこの非常事態に臨み、社員としての自覚と責任と良識に従って、慎重に行動されることを願って止みません」と述べ、また「警告」として「万一ストライキが実行された場合は、各ユーザーからの信用は全く地に堕ちる結果となり、会社の再建は益々困難になることは火を見るより明瞭であることを警告しますと」との文書を交付したことについても、組合のストライキについての対応を明確に示そうとしたものであり、いずれも組合の組織運営に対する支配介入であるとまではいえないとしています（昭60・8・27東京地労委命令、新興サービス事件）。

7　職制によるストへの参加有無の確認

組合がいわゆるスト権を確立してストライキを組合員に指示した場合を除いては組合員といえども従業員であり、誠実に会社の業務を遂行しなければなりません。争議中は個々の組合員は組合の統制に服しているといっても正当な同盟罷業（ストライキ）時間中は別として、原則的に勤務義務を負っているわけですから、組合のストが計画されている場合には会社としても業務上の支障を回避する必要があるので、業務上の必要から、職制が個々の組合員に対して、ストに参加し、出勤しないのか否かを確認し、業務上の必要な手配や得意先等に対する対応を行う必要があります。そこで、このような行為は、業務上必要な行為で反組合的な不当労働行為意思に基づくものとはいえず、原則として支配介入行為とはいえません。

しかし、仮にそれがスト参加の有無を事前に確かめ、スト当日の勤務表の修正等業務上の支障を回避する目的によったものであるにせよ、使用者がスト参加を牽制し、参加を思いとどまらせる意図の下に行ったと外部的、客観的に認められる状況のある場合は不当労働行為となる（たとえば、昭45・12・16中労委命令、近鉄大一トラック事件）と解され、一方、労働組合には使用者に組合員の範囲または氏名を知らせる義務はなく、使用者がその雇用する労働者のうち誰が組合員であるかを知ることは禁じられていません。使用者が労働基準監督署から三六協定の不備を理由に、時間外労働を禁止され、早急に三六協定の締結が必要とされる状況下で、組合が過半数労働者を組織しているかどうか知るために行った組合員氏名の調査は、支配介入にあたらない（平7・9・8最高裁判決、オリエンタルモーター事件）とされています。

この点についても、使用者の業務上の必要に基づく正当な行為か、組合の統制を破り就労させようという反組合的意思で行ったかということがポイントになるので、職制等の管理者は、このような場合の言動には十分な注意と配慮が必要とされます。

8　不当労働行為の立証責任

不当労働行為の成立については、前述のとおり反組合意思に基づく不利益取り扱い等の不当労働行為類型に該当する行為であることを申立人である労働組合または組合員が立証しなければならないとされています。

この場合、使用者側が業務上の必要性に基づく行為であって、反組合意思に基づくものではないと主張したとき、不当労働行為意思のないことを使用者が立証しなければならないのかという問題があります。この点について最高裁は、申立人側が「使用者の反組合活動の意思が業務上の必要性よりも優越し、決定的な動機であった」ことを立証しなければならないとされています。最高裁は、使用者の行為が反組合意思によることが「決定的な動機であったとするには客観的、具体的根拠が十分でない」として不当労働行為を否定した高裁判決（平4・12・22東京高裁判決）を是認し（平10・4・28最高裁判決、東京焼結金属事件）、申立人側に右の点も含めた立証責任があることを明らかにしました。

〈A〉経済・金融

1 経済指標の読み方（上） 日本経済新聞社
2 経済指標の読み方（下） 日本経済新聞社
3 貿易の知識 小峰・村田
5 外国為替の実務 三菱UFJリサーチ&コンサルティング
6 貿易為替用語辞典 東京リサーチインターナショナル
7 外国為替の知識 国際通貨研究所
8 金融用語辞典 深尾光洋
18 リースの知識 宮内義彦
19 株価の見方 日本経済新聞社
21 株式用語辞典 日本経済新聞社
22 債券取引の知識 武内浩二
24 株式公開の知識 加藤・松野
26 EUの知識 藤井良広
32 不動産用語辞典 日本不動産研究所
35 クレジットカードの知識 水上宏明
36 環境経済入門 三橋規宏
40 損害保険の知識 玉村勝彦
42 証券投資理論入門 大村・俊野
44 証券化の知識 大橋和彦
45 入門・貿易実務 椿弘次
49 通貨を読む 滝田洋一
52 石油を読む 藤和彦
56 デイトレード入門 廣重勝彦
58 中国を知る 遊川和郎
59 株に強くなる 投資指標の読み方 日経マネー
60 信託の仕組み 井上聡
61 電子マネーがわかる 岡田仁志
62 株式先物入門 廣重勝彦
64 FX取引入門 廣重・平田
65 資源を読む 柴田明夫・丸紅経済研究所
66 PPPの知識 町田裕彦
68 アメリカを知る 実哲也
69 食料を読む 鈴木・木下
70 ETF投資入門 カン・チュンド
71 レアメタル・レアアースがわかる 西脇文男
72 再生可能エネルギーがわかる 西脇文男
73 デリバティブがわかる 可児・雪上
74 金融リスクマネジメント入門 森平爽一郎
75 クレジットの基本 水上宏明
76 世界紛争地図 日本経済新聞社
77 やさしい株式投資 日本経済新聞社
78 金融入門 日本経済新聞社
79 金利を読む 滝田洋一
80 医療・介護問題を読み解く 池上直己
81 経済を見る3つの目 伊藤元重
82 国際金融の世界 佐久間浩司
83 はじめての海外個人投資 廣重勝彦
84 はじめての投資信託 吉井崇裕
85 フィンテック 柏木亮二
86 はじめての確定拠出年金 田村正之
87 銀行激変を読み解く 廉了
88 仮想通貨とブロックチェーン 木ノ内敏久

〈B〉経営

11 設備投資計画の立て方 久保田政純
18 ジャスト・イン・タイム生産の実際 平野裕之
25 在庫管理の実際 平野裕之
28 リース取引の実際 森住祐治
33 人事管理入門 今野浩一郎
41 目標管理の手引 金津健治
42 OJTの実際 寺澤弘忠
53 ISO9000の知識 中條武志
61 サプライチェーン経営入門 藤野直明
63 クレーム対応の実際 中森・竹内
67 会社分割の進め方 中村・山田
70 製品開発の知識 延岡健太郎
74 コンプライアンスの知識 髙巖
76 人材マネジメント入門 守島基博
77 チームマネジメント 古川久敬
80 パート・契約・派遣・請負の人材活用 佐藤博樹
82 CSR入門 岡本享二
83 成功するビジネスプラン 伊藤良二

安西　愈（あんざい・まさる）
1938年　香川県に生まれる
1958年　香川労働基準局に採用
1962年　中央大学法学部（通信教育課程）卒業（在職中）
1964年　労働省労働基準局監督課へ転任
1969年　労働省退職，司法研修所に入る
1971年　弁護士登録
第一東京弁護士会副会長，司法研修所（民事弁護）教官，労働省科学顧問，日弁連研修委員長，日弁連常務理事，中央大学法科大学院客員教授，東京地方最低賃金審議会会長などを経て現職
現　在　弁護士（安西法律事務所），第一東京弁護士会労働法制委員長
著　書　『労働時間・休日・休暇の法律実務』，『賃金・賞与・退職金の法律実務』，『採用から退職までの法律知識』，『企業間人事異動の法理と実務』（以上，中央経済社），『パートタイマーの雇用と法律実務』（日本経営出版会），『労働災害の民事責任と損害賠償』（労災問題研究所），『最新・労働基準法のポイント』（厚有出版），『時代変革と就業規則』（労働新聞社），『新版　労働者派遣法の法律実務』上・下，『労災裁判にみる労働者の過失相殺』（労働調査会），『雇用法改正 人事・労務はこう変わる』『人事の法律常識』（以上，日経文庫）ほか

日経文庫1365
部下をもつ人のための
人事・労務の法律
1996年3月11日　1版1刷
2016年11月15日　6版1刷
2018年4月1日　　3刷

著　者　安西　愈
発行者　金子　豊
発行所　日本経済新聞出版社
https://www.nikkeibook.com/
東京都千代田区大手町1-3-7　郵便番号100-8066
電話（03）3270-0251（代）

印刷・製本　広研印刷

ISBN978-4-532-11365-0